学习困难儿童的教育与转化

房娟 著

华中科技大学出版社
http://press.hust.edu.cn
中国·武汉

内 容 简 介

　　本书以通常让家长和教师感到头疼的儿童学习困难问题为研究对象。首先,系统地阐述了国内外学者关于儿童学习困难相关研究的基本理论;其次,以儿童表现出来的学习困难现象为依据,进行学习困难现象分类,并分析造成儿童各种学习困难现象的原因;最后,针对儿童学习困难的成因提出可行性解决策略。本书共由六部分构成:第一部分主要阐述目前我国儿童学习困难的现象及类型;第二部分分析儿童产生学习困难的可能性心理原因;第三部分针对儿童学习困难的成因提出可行性解决策略;第四部分为相关儿童学习困难的教育转化个案剖析;第五部分为国内外名家教育故事;第六部分为儿童教育的感悟与启示。本书为广大教师和家长思考儿童学习困难问题提供尽可能翔实的理论依据与实践解决策略,最大限度地帮助教师和家长解决儿童学习的一般困难问题,凸显心育为先、全面发展、能力为重、以人为本的教育理念,真正做到"没有教不会的儿童"。

图书在版编目(CIP)数据

　　学习困难儿童的教育与转化/房娟著.—武汉:华中科技大学出版社,2018.9(2025.9 重印)
　　ISBN 978-7-5680-4583-4

　　Ⅰ.①学…　Ⅱ.①房…　Ⅲ.①学习困难-儿童教育　Ⅳ.①G76

　　中国版本图书馆 CIP 数据核字(2018)第 202492 号

学习困难儿童的教育与转化　　　　　　　　　　　　　　　　　　　　　房　娟　著
Xuexi Kunnan Ertong de Jiaoyu yu Zhuanhua

策划编辑:刘　平
责任编辑:倪　梦
封面设计:原色设计
责任校对:阮　敏
责任监印:周治超
出版发行:华中科技大学出版社(中国·武汉)　　　电话:(027)81321913
　　　　　武汉市东湖新技术开发区华工科技园　　　邮编:430223
录　　排:武汉蓝色匠心图文设计有限公司
印　　刷:武汉市籍缘印刷厂
开　　本:710mm×1000mm　1/16
印　　张:14.25
字　　数:198 千字
版　　次:2025 年 9 月第 1 版第 2 次印刷
定　　价:58.00 元

＊本书系海南省高等学校教育教学改革重大项目"海师附中'初高中一体化'教学整体改革实验研究"（编号：Hnjgzd2014－05）的研究成果

＊本书系"海南师范大学学术著作出版资助项目"（项目号：ZZ1802）的研究成果

前　言

　　每当笔者带着师范生进入中小学校进行教育见习或是实习的时候，常常遇到中小学教师们提出的一个带有共性的学生学习困难的问题："房老师，我班上有个别学生的学习成绩非常差，实在是不知道该怎么办？"除此之外，在平时也会遇到一些中小学生的家长带着焦虑的心情，咨询同样的孩子学习困难的问题，向笔者寻求帮助。笔者内心深切感受到无论是教师，还是学生家长，都被孩子学习困难、学习成绩差的问题困扰，都急切盼望能够有好的方法解决孩子目前在学习上遇到的困难，帮助儿童走出学习的困境。

　　由此可见，学生学习感到困难，学习成绩差，跟不上同班学习好的同学的学习步调等问题，常常困扰着科任教师和家长，也常常给孩子们带来学习上的苦恼和心理上的压力。笔者曾经做过一项有关辍学学生的实证研究，其研究结果表明，约有 50％的辍学学生，是因为学习困难、不想读书、厌学等原因无法继续学习下去而辍学的。①

　　综上所述，学生学习困难现象依然是我国基础教育还没有解决的一个大问题，也是常常让老师和家长感到头疼的一个问题。基于此，我们针对孩子学习困难的问题展开了实际的调查与研究。首先，我们翔实地了解了学生学习的困难现象类型；其次，仔细地分析这些学习困难现象所产生的原因；最后，根据这些学习困难现象产生的原因，有效地设计教育转化策略，并付诸实践。

　　为了更好地帮助教师和家长解决目前儿童面临的学习困难问题，我结合

---

　　①　房娟.海南义务教育辍学学生现状调查研究[J].海南师范大学学报(社会科学版)，2015(10).

自己多年在高校"中小学问题学生的教育与转化"相关课程的教学与研究成果,以及有关学习困难儿童的成功教育转化案例,撰写成书。

本书共由六部分构成:第一部分,主要阐述目前我国儿童学习困难的现象及类型;第二部分,分析儿童产生学习困难的可能性心理原因;第三部分,针对儿童学习困难的成因提出可行性解决策略;第四部分,是相关儿童学习困难的教育转化个案剖析;第五部分,是国内外名家教育故事;第六部分,是儿童教育的感悟与启示。

满心盼望本书的出版,能够帮助更多的中小学教师以及学生的家长解决孩子学习困难的问题。盼望教师们能够寓教于乐,孩子们能够寓学于趣,更盼望孩子们能够拥有一个快乐而充实的童年。

本书在撰写过程中参阅了国内外多种教材及资料,汲取了许多学者的研究成果,部分内容涉及的一些资料和图片分别从相关书籍及百度、Google、Yandex 等网站下载获取,在此特向有关作者、公司或单位表示感谢。本书是在海南师范大学校长林强教授的大力支持下完成的。同时,本书还得到了海南师范大学学术著作出版资助项目的资助及华中科技大学出版社的大力支持,在此一并表示衷心的感谢。

限于时间与水平,在写作过程中难免有疏漏之处,敬请各位专家和读者批评指正。

房 娟

2018 年 6 月

目　　录

第一章

认识儿童的学习困难现象

本书中提及的"学习困难儿童",是指那些智力在正常水平范围内的中小学生,在没有任何感官障碍的情况下,在某一学科或者在某几门学科的学习过程中,出现了严重的学习困难现象。他们学习困难的学科考试成绩明显低于同年级学生该学科的考试成绩,未能达到学校教学课程标准预期的学习效果。

一、什么是学习困难

学习困难的概念源于教育学,最初关注的是儿童的智力问题。比奈等人在1904年受法国教育部委托,首次编制了用于甄别智力低下儿童的智力测验量表。1954年,苏联学者格里蒙特(Гельмонт А. М.)在其著作《学习不良的原因及解决方法》(《О причинах неуспеваемости и путях ее преодоления》)中就提出了"学习困难"这一概念,也称为学习滞后或学业不良,用来表示那些智力正常而学业成绩长期滞后的学生。

近些年来,精神医学、教育学、心理学专家们从各自的专业角度对儿童学习困难进行了大量的研究。常见的有学习困难、学习无能、学习障碍、学习技能发育障碍等。可查到的与学习困难有关的术语及其定义有 90 种以上。到目前为止,我国学术界对学习困难还没有一个统一的界定,存在不同的提法。

一般来说,学习困难是指智力基本正常的学龄期儿童,其学业成绩明显落后于同龄儿童学习成绩的一种学习现象。从狭义上来说,学习困难儿童基本上没有智力缺陷,但是在适当的学习期间,由于环境、心理和自身素质等方面的因素,导致其学习技能的获得或发展出现障碍。这主要表现为经常性的学业成绩不良或

因此而留级、辍学等。

综合我国学者的研究成果,结合我国国情,我们把学习困难儿童界定为:①智商(IQ)总体上在正常范围之内,个别的偏高或偏低;②在学校的学习中有显著困难,学习成绩落后于同龄同学的一般学习水平;③通过相关教育矫正可以达到一般学习水平(及格水平)或达到教育大纲所要求的水平。

因此,在本书中,我们研究的儿童学习困难现象,是指那些智力在正常水平范围内的中小学生,在没有任何感官障碍的情况下,在某一学科或者某几个学科的学习与测验过程中,表现出来的能力水平明显低于同龄学生,而未能达到学校教学标准预期的学习效果的一种学习现象。

在学校里,这些有学习困难现象的儿童往往被称为"后进生"或是"学困生",他们常常是教师心中的一块"疙瘩",也是家长时时发愁的"对象"。

由于教师对学困生的叹息、家长的无奈,以及同学之间对学困生的嘲讽,学困生的心里极其压抑,以致陷入消极的怪圈与恶性循环之中……最后导致这部分学生产生厌学心理,不能顺利通过升学考试或者出现中途辍学等现象,确实让人觉得可惜。

面对这群孩子的学习困难现象,国内外的教育学、心理学专家从心理学、教育学的角度,或是从学校层面、家庭层面、儿童自身层面以及社会因素等方面对这些儿童学习困难问题潜心研究。我们研究的目的就是通过借鉴国内外的成功经验,并在此基础上寻找适合我国儿童状况的解决策略,帮助这些在学校学习上存在重大困难的孩子们走出学习困境,使他们不要产生厌学心理,接受学校的良好教育,顺利完成自己的学业,并且不断地提升自我、完善自我,将来能够拥有幸福、美好的人生。

二、国内外儿童学习困难的研究进展

（一）国外儿童学习困难的研究进展

在西方国家，对于儿童学习困难的研究大致经历了以下四个时期。

1. 奠基期（1800—1930 年）

该时期大多数是医生或生理学家以脑部伤害病患者为对象所做的脑功能以及脑功能失常的研究。例如，P. Broca 发现大脑左半球的特定区域受到伤害，患者将失去说话能力；C. Wernick 发现大脑颞叶的特定区域受到伤害，患者将失去听觉理解能力；J. Hinshelwoo 发现大脑角回区的特定区域受到伤害，将导致患者出现无法理解文字意义的"字盲"现象等。

2. 转移期（1931—1960 年）

该时期对于学习困难儿童的研究重点由对脑伤病患者脑部组织的研究转变为对儿童及教学的临床实践研究。对这种实践进行尝试的首位研究者是美国的一位精神病医生 S. Orton，他提出一套训练与教育的方法。在这个时期，具有代表性的研究主要有美国医生史特劳斯（Strauss）、心理学家和特殊教育学者韦纳（Werner）及凯夫特（Kephart）等人所做的有关知觉及知觉-运动功能的研究，他们的研究被认为是学习困难研究的先驱。这一时期，学习困难被确立为一个具体的研究领域，他们的研究为学习困难领域的理论和研究奠定了基础。

3. 统整期（1961—1980 年）

统整期始于柯克 1963 年提倡使用"学习困难"一词。这一时期可以说是学习困难研究在教育系统快速发展的阶段，无论是教学理论还是教育法令和专业组织

等都在这一时期蓬勃发展与整合。

4. 当代期(1981 年至今)

随着研究领域的不断扩大,学习困难的研究不再限于教学过程,学者们越来越注意学习困难儿童的心理特点并对其所处的社会背景方面进行探索。许多教育家和心理学家用社会学的观点与方法探讨学习困难儿童的成就责任归因、自我概念特征以及学习困难儿童的行为模式同其社会特征之间的联系。

除此之外,国外也有相关儿童学习困难的研究,包括俄罗斯学者们关于儿童学习困难的诸多有影响力且可以借鉴的研究成果,下面列举一些具有代表性的相关学习困难研究成果。

(1)苏联时期具有代表性的相关研究。著名学者格里蒙特从心理学角度对学生学习困难的研究独具特色。1954 年,在其著作《学生学习跟不上的原因及解决策略》(《O причинах неуспеваемости и путях ее преодоления》)中,提出了一种"差异化分析"研究法,对学习困难儿童及其学习困难原因进行研究分析。他通过分化性心理研究,认为学习困难儿童学业失败的心理特征是克服学习困难难易程度的差异性水平。儿童的学习困难现象主要与其认知水平有关,具体表现在以下几个方面:①儿童学前训练准备不够,尤其是在知识方面存在显著差距;②儿童消极的学习态度;③儿童缺乏有组织的良好学习习惯,整体发育水平低等。他还指出,学业上长期带来的失败感使儿童在精神上和心理上都受到创伤,从而产生沮丧、消极的心理。这对当时的基础教育带来十分重要的影响,为解决儿童学习困难的问题提出了新思路。

(2)当代俄罗斯时期具有影响力的相关研究。Ануфриев А. ф. 的著作《如何帮助学生克服学习困难》,具体地论述了俄罗斯中小学生的 24 种学习困难现象,并针对这 24 种学习困难现象进行了深入的分析与研究。该著作提出每一种学习困难现象产生的可能性心理原因,并分别设计了针对每种导致学习困难现象的心理原因的矫正训练方法,帮助学生走出学习困境。例如,学生上课注意力不集中

的问题。其可能的心理原因包括学生注意力的发展水平比较低、学生注意范围比较小以及注意力容易受到外界干扰等。针对学生注意力不集中的问题，首先采用"素描听写法"的诊断方法进行注意力水平的测试与诊断；其次，确诊注意力不集中的原因，并进行矫正训练。常用的训练方法有"快乐人特征认知法"以及"神秘画面法"等，采用这些方法对学生进行心理训练，达到解决学生注意力不集中的问题，使整个学校的教育教学活动变得轻松活泼，为学生创建一个轻松、快乐、健康的学习环境。

(二)国内儿童学习困难的研究进展

近些年来，国内有关儿童学习困难的研究呈现两个特点——研究领域的多维化和研究领域的整合化。

1.研究领域的多维化

研究领域的多维化主要表现在以下几个方面：①学习困难儿童的认知因素研究。这一方面的研究主要关注的是与学习活动密切联系的注意、感知觉和记忆等基本认知过程，近些年来这一方面的研究得到了进一步深化。②学习困难儿童的非认知因素研究。这一方面的研究主要关注的是儿童学习困难的非认知因素，如心理特征、环境因素，它可以帮助人们更深入地了解儿童学习困难的问题，探明影响儿童学习困难的心理、社会因素，为教育干预提供更广泛的理论依据。关于学习困难儿童的非认知因素研究，目前主要集中在个性特点和家庭环境特点两个方面。③社会性发展特点研究。这一方面的研究主要包括社会认知和社会行为两个方面。

2.研究领域的整合化

研究领域的整合化主要是指研究者将学习困难儿童的各种特征给予整合，以对此类儿童的特征进行整体把握，并试图对学习困难儿童进行综合性干预。这些整合主要包括认知因素的整合、认知因素与非认知因素的整合，以及医学、心理学及教育学的整合。

总之,儿童学习困难的问题是一个非常广泛的研究领域。

那么,儿童在学习上遇到的困难现象主要表现在哪些方面呢? 让我们一起走近学习困难的儿童,了解他们在学习上所遇到的困难。

三、我国儿童学习困难的主要类型

与在学习上有困难现象的儿童的实地访谈及开放式问卷调查研究发现,目前我国儿童的学习困难现象主要体现在以下几个方面。

(一)儿童学习注意力不集中的问题

众所周知,儿童在学习时注意力不集中、马虎等问题是让教师和家长头疼、也是常见的学习问题之一。通过实践调查与研究,我们发现儿童学习时注意力不集中、马虎等学习问题主要表现在以下九个方面:①上课时注意力不集中,无法认真听老师讲课,常常东张西望,分心走神;②课堂上回答问题时,不加思考便回答;③老师在讲解练习题目时,经常会问一些和该学科学习无关的问题;④常常会出现写错字、读错字、漏字等现象,简单的计算题也经常算错;⑤做练习题时,不认真看题,见题埋头就做,速度非常快,字迹潦草;⑥把加号看成减号,乘法做成加法,有括号的不会注意要先算括号里的数字;⑦下课后不知道教师布置的作业是什么,或不能完整地复述教师已经布置的作业;⑧在家里写作业、看书的时候,总是坐不住,注意力很难集中;⑨在考试时,不看题目就直接做题,有时还会把答案填错位。

 **案例**

在课堂上不认真听教师讲课的儿童的不同表现：

(1)张老师站在讲台上面讲课，小学生小军在下面神游……当张老师向小军提问时，他什么都不知道，没有回答出老师问他的问题。张老师走到小军面前，问道："你在干什么呢？"小军闭口不说话。

(2)华华上课从来不听课，摆弄自己手中的玩物是他最大的乐趣；对课堂纪律没有概念，从不遵守课堂纪律；好像根本不适应学习，对学习毫无兴趣，认为与自己无关，常有的表现是马马虎虎，甚至拒绝写字。

(3)一名初二的学生，在教师上课过程中频繁喝水、上厕所，不能坐稳一段时间，做题拖拉、马虎。

(4)有一位男生，课后教师给他讲题，他总是心猿意马。教师讲完题后问他懂了没有，他说懂了。当教师请他再做一遍时，他又做错了。

 **问题与思考** ●

　　如果您遇到以上几位上课不认真听课，或是不认真做题的儿童，您会怎样去应对？

(二)儿童学习认知能力水平低的问题

著名学者格里蒙特认为，儿童学习能力差的问题主要与其自身的认知水平有关。实践研究结果表明，常见的儿童学习能力差的现象有以下几个方面。

（1）语言逻辑表达能力较差，不能够完整地讲清一件事情或者复述一件事，语言前后逻辑不恰当。

（2）学习理解能力较差，讲过多遍的题目依旧不会做。

（3）基础知识缺乏，应该掌握的知识没有掌握，出现知识断环现象，上课时听不懂教师讲授的新内容、新知识。

（4）数学公式混乱，不会运用基本的数学运算法则，基础性的计算题算不对，计算时常常错误百出。

（5）背书感到非常困难。

（6）英语字母、数字的识记混淆，例如，经常把"d"写成"b"，把"r"听写成"2"等。

 **案 例**

有一位初一的女生，喜欢背书，但是数学成绩极差，不会运用基本的数学运算法则，算不对基础性的计算题，计算时常常错误百出。例如，问她8＋7＝？她回答是13。再问她，确定吗？她又回答是16。让她拿出双手，借助手指再算一遍，结果还是算错了。

 **问题与思考**

如果您是这位女生的数学老师或者家长，您会怎么做呢？

（三）不想学习的问题

厌学、不想读书、认为读书是一件苦差事等现象，在中小学学生中很普遍。更有甚者扬言读书无用,所以出现了有些儿童逃课、旷课,或者辍学回家的现象。由此可知,不想学习的问题已经成为一个严重的教育问题,儿童常有的表现是:①厌学,他们对学习的认识存在偏差,情感上消极地对待学习,行为上主动地远离学习;②一看到书就犯困,总想着干其他事情,只要不是学习就好;③一提到学习,就表现出一副不耐烦的样子,总想把话题转移到跟学习没关系的地方;④英语学习只靠灌输,自己从来不会主动学习,没有一点学习动力。

 **案 例**

一位初二的男生,对学习毫无兴趣,家长一提起要好好读书,他就表现出非常反感的样子。在课堂上,从来不会主动地认真听教师的课。有一天,我问他:"为什么不想学习?"这位中学生毫不犹豫地回答我:"读书有什么用啊? 现在好多大学生毕业都没有工作,我父母没有上大学,现在公司也做得很大呀!"

 **问题与思考** ●

如果您遇到了这样的中学生,您将如何引导他?

(四)不完成作业的问题

目前,学生不能主动完成作业已经成为较严重的学习问题,有些教师甚至想借助家长的力量督促学生完成课后作业。但是,我们的研究结果表明,在家长的监督之下,还是有一部分学生无法完成课后作业,主要表现为:①不想学习,不想写作业,逼着学就胡乱应付;②对成绩不是特别在乎,作业也完不成,总想到学校后直接抄同学的作业;③作业总是拖到最后一刻才完成,质量也不高,常常抱着一种应付的心态,有较强的拖延症。

 案 例

刘小强是一位刚刚进入中学的学生,他不爱学习,经常不完成作业,教师每天收上来的作业都没有他的。当教师问他为什么没有完成作业时,他的回答不是说忘记写了,就是说作业落在家里了。有时候,他还抄别的同学的作业。

 问题与思考 ●

如果您遇到了刘小强这样不完成作业的学生,您会怎样去做?

(五)学科学习困难的问题

儿童学科学习困难的问题主要表现在数学的运算能力差、知识断层以及文字的认识、书写、阅读困难等方面。我们以语文学科为例具体谈一谈儿童的学习困难现象。语文学习是我国基础教育的重要学科,但是汉字字音与结构的复杂性,使汉语学习的难度较大,常常给学生的语文学习带来诸多困难,尤其是在识字与书写两个方面表现尤为突出。例如,汉语拼音的拼读不正确的问题,导致学生汉字的发音错误;汉字书写错误的问题,导致其语文字词生疏,书写汉字时常常"缺胳膊少腿";汉字掌握水平低的问题,导致其基本的汉字识字能力差,常遇到不会

写的字,包括"负责""商店""用"这一类简单的字词;汉字书写的笔画、笔顺不规范的问题;作文写作感到困难的问题,使学生对写作文、日记等作业一直提不起兴趣等。

 **案例**

有一位六年级的学生,对语文的识字有很大的困难,汉字基本上不认识,拼音当天教过了,学会了,可是过了一天又不会读了。一些六年级学生应掌握的汉字都不认识,常遇到不会写的字词,包括"负责""商店""用"这一类简单的字词。由于太多字不认识,所以对写作文、日记等作业一直提不起兴趣。上课时总喜欢睡觉、开小差。语文课考试成绩都没有超过及格分数线,有一次语文只考了3分!老师每次给他补课时,总是用鼓励的方式引导他,可是没有什么效果。家长说,他平时学习打不起精神,写作业也不认真,注意力不集中,但是,他特别喜欢看电视,一看电视精神就来了。

问题与思考

如果您遇到了这样一位对语文学习丝毫没有动力、考试成绩为个位数的学生,您会用什么方法来帮助这名学生,使他走出语文学习的困境,改变他的学习现状?

(六)学习意志力薄弱问题

学习意志力薄弱是学生学习不能持之以恒的直接原因,也是国内外专家共同认可的造成学生学业不良的主要原因之一。具体表现在:①严重偏科。对于自己喜欢的学科,比如历史,除了上课专心听讲外,还能积极完成作业,对于不喜欢的学科,比如英语,就会经常上课开小差,单词记不住,学习也不主动。②自我调控能力较差,缺乏学习的坚强意志,没有耐性。自己认为难的知识就不愿意学,做练习题时,遇到难的练习题就会放弃。

案 例

一位10岁的男孩,性格外向开朗,有礼貌,但在学习时,会出现两个问题。一是非常不愿意写字。写字时,在纸上一笔一画写得很重,写了十来个字后就双手抱头趴在桌子上生气,似乎写字对他来说是一件非常痛苦的事情。二是怕做难题或是做错题。一旦遇到难题或者做错题时就发脾气,用笔在桌子上来回不停地敲,发出怪声、跺脚或者甩笔,然后说不想做了。

问题与思考

如果您是这位小学生的老师,或是孩子的家长,遇到了上述的问题,您会怎么做?

(七)学习习惯不良的问题

学习习惯是在长期的学习过程中慢慢养成的,好的学习习惯是成功的一半。不好的学习习惯会为儿童的生活与学习带来很多负面的影响,阻碍他们学业成绩的提高。我们常见的儿童不良学习习惯有:①学习缺乏自主性,不爱主动思考与探究;②学习时没有对新旧知识进行概括内化的良好习惯,一边学一边忘,最后什么也没有学到;③学习时一知半解,不懂装懂。

 **案 例**

(1)有一位初二的男生,对自己不懂的问题不会坦诚地说出来。甚至在给他讲题时,他不明白的地方还会点头说懂了。再做作业时,同样的错误又犯了。

(2)初二学生小楠,在上课时全靠老师的思维拖拽,而且要老师把问题点明,他才能领悟。课后,小楠也不会自己去思考,没有积极的良好思维习惯,总是机械式地消极学习。例如,数学、物理这些理科的公式经常记不住,每次做题都要翻书找出适合的公式,更谈不上对所学知识进行内化、举一反三、灵活运用了。

 ——问题与思考●

如果您遇见了上述学习习惯不良的学生,您将如何正确教导他们,使他们养成良好的学习习惯呢?

第二章

儿童产生学习困难的可能性心理原因探究

一、关于儿童学习困难产生原因的文献研究结果

儿童学习的困难现象一直以来都是国内外教育界想要解决的一个难题,对儿童产生学习困难的可能性心理原因进行探究就十分必要。众所周知,儿童产生学习困难的可能性心理原因是多种多样的,也是由多方面的因素造成的,是一个较复杂的研究领域。目前,国内外学者从不同的角度对儿童学习困难产生的原因进行了潜心研究,取得了较丰富的研究成果。通过对国内外相关儿童学习困难研究成果的文献梳理,我们发现关于儿童学习困难产生原因的研究呈现出以下不同的研究轨迹。

(一)关于儿童学习困难产生原因的四理论探究说

通过对国外相关儿童学习困难研究成果的文献梳理,我们发现国外关于儿童学习困难产生原因的研究可以用以下四种理论来解释。

1.神经系统缺陷理论

神经系统缺陷理论认为,学习困难是由神经系统的缺陷造成的,即由学习困难儿童在对视觉、听觉等信息进行加工时产生冲突引起的。

2.注意力缺失理论

注意力缺失理论认为,注意力缺失的儿童不能把注意力集中在学习上,因此,才导致其学习落后,考试成绩不好。

3.学习动机不足理论

学习动机不足理论认为,儿童学习困难产生的原因与其学习动机有关。学习困难儿童在学习过程中往往产生习得无助感,对学习感到无能为力。其学习特点

是被动学习,并且总把失败归因于自己,而较少将成功归因于自己。

4.信息加工过程混乱理论

信息加工过程混乱理论认为,学习困难儿童的信息加工过程存在问题。例如,学生在信息编码时出现错误,或是在储存信息和提取信息过程中发生错误等。

(二)关于儿童学习困难产生原因的三学科探究说

针对儿童学习困难产生原因的分析,学者们还从神经心理学、认知心理学和教育学等学科领域进行深入研究,试图找到儿童学习困难的成因。

1.儿童学习困难产生原因的神经心理学研究

神经心理学结合、利用了医学和心理学模式中关于人的能力,并用这种能力检验大脑与行为的关系。大脑是一切行为的基础,神经心理学领域的研究者大多会把学习困难的问题归结为脑损伤或者脑功能异常等问题。

2.学习困难产生原因的认知心理学研究

随着认知心理学的发展,学习困难原因的认知心理学探讨成为学习困难成因探讨的最活跃的领域。由于受到认知心理学理论与研究成果的影响,该领域主要是从儿童信息加工和处理过程的角度对儿童学习困难的原因加以解释。同时,也包括对知觉、注意过程等基本信息加工过程以及元认知等高级加工过程的研究。

3.学习困难产生原因的教育学研究

对于儿童学习困难原因的教育学探讨,学者大多从教育不当、学习方法和技能缺乏、非智力因素发展方面进行研究。这些因素主要包括:①教师因素。教师因素是儿童学习困难产生的一个外部因素,是可变和可控因素,其中包含教师的教学态度、教育能力和自身行为等。②教学因素。教学因素对学生学习的影响是多方面的,儿童许多学习问题的产生都是由于不恰当的教学方式造成的。主要表现在教师教学目标和教学过程的失误上。③学生自身因素。外部原因只是造成学生学习困难的客观因素,而学生在受教育过程中的自身因素才是造成其学习困难的内在因素。例如,学生缺乏学习动机、学习习惯不良、缺乏学习方法和技巧等

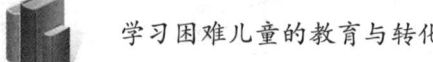

都会造成学习困难的现象。

(三)关于儿童学习困难产生原因的其他来源说

俄罗斯学者 Боденко Б. Н. 认为，造成儿童学习困难的原因主要来源于以下三个方面：一是儿童日常接受教育的学习材料；二是儿童自身的能力水平，包括儿童自身的记忆力、注意力、思维能力以及个人的年龄特征；三是教师的教学技能水平。

Боденко Б. Н. 见解的独到之处在于：他认为，小学年龄段儿童有一个显著的心理特点，那就是小学阶段的孩子们任何活动的目的都是受成人影响的，也就是说，活动目的是优先由成年人设置的。通常都是教师和父母对孩子们的活动做出决定，例如，告诉孩子们什么事可以做，什么事不可以做；哪些规则要服从等。在这个过程中，有一个非常典型的情况，那就是当孩子们在执行成年人的任何命令的时候，即使是在那些比较听话的、愿意去履行成年人交付的任务的学生中，也经常会发生不履行任务的情况。因为，当孩子没有掌握成年人布置任务的本质时，他们是无法应对成年人交付的任务的。因此，孩子们很快就失去了对该任务最初的兴趣，随即也就忘了按时完成成年人交付给他们的任务，学习困难现象因此而产生。如果想要避免这些困难现象的出现，能够采用的解决策略就是在给儿童布置任务时，务必遵循儿童心理发展的一般规律。也就是说，成年人在教育儿童时，一定要了解所教儿童的"最近发展区"，教师讲授的内容不能超出儿童的最近发展区范围，否则儿童将无法理解和接受教师讲授的新内容、新知识，这会使受教育儿童失去最初对学习的兴趣，出现学习动机不足、厌学心理等，从而造成在学习上产生困难现象。

二、关于儿童学习困难产生原因的实践调查结果

我们团队(包括本科生、研究生)经过 2 年多的时间,对近 100 名在校的有学习困难现象的正常儿童进行了实地调查与研究。针对他们学习困难的原因进行了个人访谈,并对学生的这些学习困难原因进行了翔实的分析与梳理,汇总归纳出造成儿童学习困难的原因有以下几种类型。

(一)学校教学因素

关于儿童学习困难原因的学校教学探讨研究,主要从教师教学不当、学校教学管理制度和相关设备、学校的环境,以及家校关系等方面进行研究。我们的研究结果表明,由于学校教学方面的问题而造成儿童产生学习困难现象的主要原因有以下几个方面。

1. 课堂教学班级存在学生人数过多的问题

课堂教学的班级上课学生人数多,造成学生上课时课堂纪律管理的难度增大。教师常常关注不到后排的学生,是目前我国课堂教学存在的一个主要问题。众所周知,在发达国家的国家或州教育法中,标准的班级人数大多保持在 22～26 人。记得我的儿子在俄罗斯莫斯科的学校读书时,从小学一直到中学,班里都是 23 名学生,他的班主任尤利娅老师告诉我,学校规定每个班级不能超过 25 名学生。

2001 年中国科学教育代表团到法国实地考察,法国科学院副院长 Quere 先生,法国科学院院士 Lena 先生和法国科学院院士、诺贝尔物理学奖获得者 Charpak 先生亲自陪同代表团到小学去听课。大家一起观摩了一节法国小学科学

课的全程。刚刚下课,中国代表们还沉浸在对这位教师的赞赏之中时,Charpak 先生就走到教师面前,向这位教师提出意见,指出她在组织课堂讨论时,没有注意给所有的学生以平等地发表意见的机会。Charpak 先生把这个问题看得很严重,认为这样做有违科学教育的目的。

然而,在我们国家,中小学的班级学生数很多是超额的,城市里的重点学校和农村中心学校的班级学生人数 40～60 人的不是个别现象,甚至有学生人数更多的。例如,2012 年儿子随我回国后,就读的中学班级人数达到 78 人,在这样的班级里,很难保证教学质量,更不要谈进行学习的主动探究了,一些常常不被教师关注的学生群体渐渐变成了学习落后生。在中国现在的教育法规中,对班级学生人数似无严格的规定,或是有规定但没有严格执行。就全国而言,我们的基础教育还需要为解决有无基本学习条件和保证每个孩子有受教育的机会而努力,但是这不代表班级学生人数过多这个问题就不需要考虑。

2. 学校学习压力大,学生产生厌学情绪

目前,学生的普遍反映是学校的课外活动较少,学科作业过多,学习压力较大。由于课后作业过多,学生不能够及时完成课后作业,未能对教师讲授的新知识进行内化,新旧知识无法建立起联结,他们对学习的内容越来越不理解,学习的难度也就逐渐增大。这样一来,学生就感到自己对学习力不从心,从而陷入学习困难的恶性循环之中。尤其是每当临近考试,学校的题海战术使学生产生心理压力和体力透支,并产生强烈的厌学情绪,出现学业迟滞现象。

3. 学校评价标准单一,影响学生的学习心理

学校对学生的评价体系不够完善,学校评价标准单一化,缺乏完整的多元化评价标准。大多数学校都是量化学习成绩,不考虑学生的情绪反应。学校过度重视学生考试分数排名,对班级、对教师的评价依据是看高分学生的多少,并以此作为衡量教师工作业绩的一个重要条件,并将高分学生的数量与教师的荣誉和经济待遇挂钩,从而影响教师对学生的教学态度。一些教师抓住少数,放弃多数,使其

他学生受到不公平待遇,因而这部分学生产生了学习消极情绪。我国目前实行的考试制度仍然是以分数高低论"英雄",片面追求升学率,促使学校内部设重点保护生,使其优先享用各种条件。抓住少数,放弃多数,导致相当一部分学生遭受到不公平待遇,学生学习成绩跟不上,升学无望,便产生厌学情绪,自暴自弃,成为教师眼里的学困生。学校过度重视分数排名,奖优罚差,使考试失利的学生产生挫败心理。学生常常把学习成绩看作衡量自己学习效果的唯一标准,使自身陷入学习分数的束缚和压力之中。等级分数常常被看作有效地促进学习的因素,在家庭里也作为孩子学习成败的主要指标,甚至是唯一指标。尤其是近些年,这种状况有愈演愈烈之势,导致一些基础差的孩子因为考试失利,面对分数而产生了挫败心理,出现一蹶不振的学习状态,这样又如何能把书读好呢? 这部分心理受挫的学生渐渐对学习失去兴趣,在学习上出现了困难现象。

4.学校的课程设置单一,教学硬件缺乏

部分学校的课程设置缺乏科学性和多样性,教学设备缺乏,管理松懈,这些都影响到学生的学习。一方面,学校课程设置单一,只注重语数英等主科的学习,而忽略其他基础课程的学习。这种课程设置模式无法开拓学生的视野,导致学生接受不到更多的新鲜知识,不能受到很好的基础教育,也不能实现全面发展的基础教学目标。另一方面,一些学校的硬件设备落后,甚至连多媒体教学设备都没有,跟不上现代教育发展的步伐,影响教师的现代化教学,以及网络学习资源的应用。

5.教师自身不当因素

教师自身不当因素主要体现在以下几个方面。

(1)教师教学模式不当。教师的教学模式缺乏创新性,是"满堂灌"的填鸭式教学,不管学生是否愿意听讲,只管自己讲课,不懂得激发学生的学习兴趣,教师成为简单传授知识的工具,学生成为机械接纳知识的接收器。教师所授课程单调、枯燥,教学内容不丰富,讲课照本宣科,导致学生只能孤立、割裂、片面地理解教师所讲的新知识。部分学生觉得听着没劲,认为听了收获也不大,于是便产生厌烦情绪,更有甚者感到学习是一种负担,是一种折磨,是一种痛苦,丧失了学习的积极性。

(2)教师的"厌教"心理。教师的职业倦怠心理使教师产生"厌教"情绪,使教学课堂缺乏趣味,学生受其影响对学习失去了原有的兴趣。有的教师教学态度不端正、盛气凌人,学生厌烦这样的老师,进而不愿听其上课,厌倦这一学科。

(3) 教师的不公正评价。教师的不公正评价表现为:教师给学生的评价不够公正、处理学生问题时方法不当、不懂得尊重学生的人格等。学生人格受到侮辱,得不到应有的尊重,就会产生逆反心理,出现厌学情绪。

(4)学校教师对后进生的错误态度。有些教师认为后进生是不能转化的,进而歧视后进生,轻则责怪厌弃,重则赶出教室、轰回家去,放弃对落后学生的努力教育,冷漠处理,造成后进生的自卑心理。师生关系紧张,后进生与教师的对立情绪与日俱增,学生轻则紧张,重则厌学。还有一部分教师迫于升学率的压力,只要后进生不影响班级大局,便持听之任之的态度,后进生得不到应有的关心和帮助,产生畏难消极的情绪,逐渐失去学习兴趣、毅力和动力。

 **案 例**

一位大学生的自述:"上初中的时候,我的成绩在班里都是前几名,所以一直坐在前面。但当我的成绩往下滑的时候,我的座位就被老师从前排调到最后一排去了,老师也不关心我了。在老师眼中,我从'最棒的'到了'拖班级后腿的';在同学眼中我从'最受欢迎'变成'无人问津';父母的电话也从开始的欢声笑语变成了'你是不是偷懒了,不学习了……'所有的一切都是因为我的学习成绩下降了。

当时我觉得,我身边所有的人关心的只是我学习的结果,从来不会关心我其他方面的事。所有的这些,让我失去了仅剩的尊严与勇气,我开始怀疑自己真的有那么糟吗？我真的一文不值吗？真的没有真正关心我的人吗？……诸如此类的想法总是在我的脑海里出现,后来我变得很叛逆,情绪容易波动,各种不好的问题扑面而来。"

问题与思考

发生在这位学生身上的事情,给我们带来了什么样的思考？

(二)学生自身因素

有关学生自身因素造成其学习困难的原因,主要从学生的认知心理发展、自我调控能力水平、行为习惯、学习方法与态度,以及人际关系等方面进行研究。笔者的研究结果表明,由于学生自身因素而造成学习困难现象的主要原因有以下几个方面:课堂注意力不集中,意志力较弱,自我调控水平低,自信心缺乏,学习习惯不良,学习方法不当,学习兴趣缺乏,学习动机不足,学习目标不明,确人际关系不佳,认知能力发展水平低,自我成就感水平低,以及个性心理特征等方面。

1.课堂注意力不集中

学生上课注意力不集中现象主要表现为课堂注意力不集中。在课堂上,学生注意力集中程度不高,注意力集中保持时间有限。例如,老师反映有的学生在课堂上还没听到三分之一的讲课内容,就开始左顾右盼,胡思乱想,无法完全集中自己的注意力去听课、写字,或是看书,有时候即便在抄写课文,错别字也不少。

2.意志力较弱

儿童在学校学习时,部分学生没有表现出迎难而上的顽强意志力,而是表现出畏难心理和退缩心理,具体的表现有:①缺少吃苦耐劳的学习精神;②良好的生

活条件使孩子的意志力薄弱,学习时易受外界不良环境的负面影响;③学生缺乏受挫心理训练,耐挫力较差;④克服困难的意志力薄弱,遇到复杂、有难度的问题常常选择放弃,尤其害怕遇到难度大的、比较复杂的问题。

3. 自我调控水平低

学生的自我调控水平比较低,自制力差,主要表现在以下两个方面:一是在学校上课时,有时候学生无法调节、控制自己的心理思维活动,从而导致上课时注意力不集中,听不进老师讲的课;二是缺乏自我管理的调控能力,由于受到外部不良因素的影响,常常表现出一蹶不振、随波逐流、听之任之的态度。

4. 自信心缺乏

学生对学习没有自信心,通常是因为学生通过自己的努力学习,没有收到预期的效果,便怀疑自身的学习能力,产生了习得性无助感和不自信心理,并经常说道:"这道题一看,我就不会做。"这些学生体会不到学习的快乐,甚至逃避学习,并且还出现自暴自弃的现象。

5. 学习习惯不良

学生因为缺乏养成教育,而没有形成良好的学习习惯。例如,有的学生在学习时没有独立思考的习惯,也不喜欢独立思考,因而不能产生有意义的学习,不能建立起新旧知识之间的联结。除此之外,还有的学生在写作业的过程中,有摆弄文具、吃零食、拖拉等不良习惯。有一位中学教师在访谈时告诉我们,她的班上有一位学习较落后的学生平时很难按时完成作业,因为在早期的教育中没有形成良好的学习习惯,从小学一年级开始,基本没有按时完成过教师布置的家庭作业。

6. 学习方法不当

学生在学习过程中的学习方法不当,只会死记硬背,不及时巩固复习,也不懂得采取适合自己的有效的学习方法。他们常常表现出较差的理解能力,对于新知识的学习与记忆基本上都是机械识记、死记硬背。例如,有些学生对语文课的学习不讲究方法,一看到课文就埋头狂背,而不是先理解课文的内容;对英语的学习是看到单词就背,拿起笔和纸一遍又一遍地写。因为学生没有理解所学课文的含义,或是因为没有掌握英语单词的发音以及单词的中文意思,学生就无法产生意义识记,当然就记得不牢固。加之不懂得及时巩固与复习,前面记后面忘,学习效果也就并不理想。

7.学习兴趣缺乏、学习动机不足

学生对学习缺乏兴趣,没有学习动力,觉得学习无趣、枯燥,导致其学习态度不好。众所周知,兴趣是最好的老师,没有学习兴趣,学生学习的动力就不足,加之学生没有良好的学习行为,自然就学不好,成为学习后进生。心理学家普遍认为,学习动机的中等程度的激发或唤起,对学习具有最佳的效果。因为动机过弱不能激发学习的积极性,动机过强会造成学习效率的降低,所以学习动机过弱或过强,都对学生的学习不利,并且对其学习兴趣的保持也不利。

8.学习目标不明确

学生在学习过程中没有明确的奋斗目标,就如同漂浮在茫茫大海中的一叶小舟,没有航向,没有目的地,随波逐流,不知何去何从,那它又如何能够到达成功的彼岸呢? 我们的一项研究结果显示:①有 15.94％的大学生认为,在小学学习阶段,教师一定要告诉儿童,一个人要有自己的人生理想,如"你长大了想做什么?"或是"你长大了想成为什么样的人?"等。不仅如此,还要帮助儿童树立他们的人生目标(梦想)。②有 17.73％的大学生认为,在初中学习阶段,教师要帮助学生树立人生的目标与梦想。教师要教导学生读相关书籍支持课本以外的学习,让学生明确学习目标,引导学生树立正确的人生观、价值观。③有 19.28％的大学师范生认为,在高中学习阶段,教师传授的知识对其实现人生梦想要有帮助,教师需要帮助他们树立学习目标,为他们指出前行的方向并鼓励他们坚持自己的人生梦想,向自己的人生理想标杆前进。由此可见,学生在其学习过程中一定要有明确的学习目标,只有这样,才能努力学习,艰苦奋斗,勇往直前,到达成功彼岸。

9. 人际关系不佳

古语云:"天时不如地利,地利不如人和。"不良的人际关系,即不和谐的、紧张的、消极的、敌对的人际关系,会使学生产生消极的学业情绪,如生气、焦虑、羞愧、厌倦、无助、沮丧、难过等。现代心理学家认为,学习不是一个思维与解决问题的冷认知过程,而是一个伴有情绪的热认知过程。早在 20 世纪初,R. M. Yerkes 和 J. D. Dodson 两位学者研究发现,情绪的唤醒水平影响学习效果,情绪唤醒过高或过低都不利于学生的学习,中等唤醒水平的学习效果最好。所以,学生的消极学业情绪对其生活和学习会带来极大的负面影响,可能使原本的好学生变成差生或是问题学生。我们常见的导致学生产生消极学业情绪的不良人际关系现象有:①师生关系不和。因为教师不当的批评,让学生没有尊严,或是心里受到伤害,于是学生不喜欢这位教师,进而不再认真上这位教师所教的课程,讨厌这门课程,甚至出现旷课、学习成绩下滑等现象。②学生之间关系不和。在学校里,如果学生受到同伴的嘲笑、欺负,或是转校生因为和班级的同学不熟悉而产生距离、没有归属感等现象,都会直接导致学生产生消极学业情绪。

社会心理学的调查研究表明,良好的人际关系是一个人心理正常发展、个性保持健康和生活具有幸福感的重要条件之一。所以,我们要尽可能为学生创建良好的人际关系。

10. 认知能力发展水平低

学生的认知能力是指大脑加工、储存和提取信息的能力,是学生成功地完成学习活动的重要心理条件。例如,知觉、记忆、注意、思维和想象的能力都被认为是认知能力。如果学生的认知能力发展水平低,就会出现学习上的困难现象。具体表现为:学生的知觉-动作综合能力、理解与记忆能力、学习计划-操控能力,以及学习的操作能力水平较低。例如,有的学生表现出学习基础差,从小学一年级开始的最简单的识字就没有接受过强化训练学习,基础没打好,知识断层严重,与后面所学知识脱节,导致其在课堂上听不懂教师所讲授的新知识,从而无法建立起新旧知识的有效联结，其结果就是听不懂、学不会。著名的心理学家维果茨基提出了重要理论——"最近发展区"理论。他认为，如果教师所教授的新知识超出了学生的"最近发展区"，那么这样的教学活动对于儿童来说，就是无效的、困难的学习。上述的学习困难现象就是因为教师所讲授的新知识超出了学习基础差、知识出现断层现象的学生的"最近发展区"，所以其上课的结果就是听不懂、学不会，成为教师眼中的学习落后生。

11. 自我成就感水平低

成就感是指愿望与现实达到平衡时而产生的一种心理感受，也指一个人做完某件事情或者正在做某件事情时，为自己做的事情感到愉悦或成功的感觉。在学习上自我成就感水平低的儿童很少为自己的学习感到愉悦或是成功，也就是说，他们对学习很少有成就感。在这种情况下，儿童就会寻找一条能够使自己获得愉悦或成功感觉的路径，于是网络游戏就进入了儿童的生活。儿童在游戏中发泄，在网络游戏中得到满足，在胜利中体验成功，在虚幻的世界中找到自我成就感。这种心理现象导致儿童沉迷网络，荒废了自身的学业，成为班级的差生。

12. 个性心理特征

个性心理特征是个体在社会活动中表现出来的比较稳定的成分，包括能力、气质和性格。个性心理特征的形成具有相对稳定性，在个性结构中并非孤立存在，它受到个性倾向性的制约。例如，能力和性格是在动机、理想等推动作用下形成的，并具有相对稳定性。能力和性格的变化，也需要依赖动机和理想等动力机制才得以表现出来。它们相互联系、相互制约，并处于一定的从属关系之中。心理学家的研究结果表明，许多良好的、积极的性格特征必然会对人的能力的形成与发展产生积极作用；反之，将产生消极的、负面的作用。

我们的研究结果发现，性格内向的儿童因为平时不爱说话，可能会存在语言组织能力较弱、表达不清楚、人际交往能力差等现象；性格懒惰的儿童通常喜欢闲荡、贪玩，懒得学习，不爱做作业，拖拉，也不愿意温习功课，导致学习落后，跟不上同龄人的学习进度;性格自卑的儿童往往表现出常年情绪低落,拒绝交朋结友,容易把缺点放大,用自己的短处与别人的长处相比。在学习或做游戏时往往难以集中注意力,或只能短时间地集中注意力。自卑儿童的语言表达能力较差,具体表现为口吃、表述不连贯、表达时缺乏情感、词汇贫乏等。专家认为,这是因为强烈的自卑感阻碍了学生大脑中负责语言学习系统的正常工作。除此之外,自卑儿童不能冷静地面对挫折,稍加努力就能完成的任务也会轻易放弃,尤其是面对学习上较难解决的困难问题,自卑儿童常用放弃学习来逃避问题,自然也就厌学了。

 案 例

　　小军是一名小学三年级的学生,有一次上英语课,老师让他朗读,他说他看见字母在跳舞,跳得非常快,一个字母都看不清楚。老师很生气,罚他蹲墙角,罚他重新做作业。小军妈妈每天辅导他的功课,可是他的考试成绩还是不及格。同学疏远他,甚至取笑他、辱骂他,父母、老师也不喜欢他。

　　小军渐渐从一个充满想象力的、随时都有各种新奇点子从脑海里冒出来的、活泼开朗的孩子,变成了一个自卑、胆怯、不敢与人说话,总是待在角落里的孩子。

 问题与思考

　　发生在小军身上的故事,给我们带来了什么样的思考?

案 例

王琪小学三年级之前都在老家上学,农村地区教育落后,学习上没人督促和帮助,入学以后学习基础没有打好。三年级开始突然进入新的环境,高强度、高难度的学习,大大降低了王琪对学习的兴趣和积极性,学习落后也让她变得不自信。久而久之,王琪在学习上出现了严重的学习困难现象。

问题与思考 ●

如果您是王琪的班主任老师,看到学生的这种变化,会有何感想?

(三)家庭因素

有关家庭因素造成儿童学习困难现象的原因研究,主要是从学生的家庭人际关系、家庭教育方式、家庭结构、家长的教育态度,以及家长对儿童的关爱程度等方面展开研究。我们的研究结果表明,家庭人际关系不和睦、家庭教育方法不当、单亲家庭的不良影响、家长对儿童的不正确教育态度,以及家庭教育的缺失等都是造成儿童产生学习困难现象的主要家庭因素。

1. 家庭人际关系不和睦

英国的一项权威调查研究表明,长期生活在紧张气氛中的孩子生长激素水平偏低,成年后发育不良以及患各种疾病的比例增大,可能导致其心理上的障碍。家庭是儿童成长的主要场所,家庭人际关系是影响儿童成长的重要因素。家庭人际关系不和睦,会给孩子的身心健康成长带来许多不良的影响,使孩子失去安全感,恐惧生活、恐惧家庭、恐惧与人交往,使其对未来失去信心。我们的研究结果表明,成长在人际关系不和睦家庭里的儿童,常常会遇到人际关系、学业和情绪等方面的问题。他们往往沉默寡言,上进心不强,学习成绩普遍较差。

2.家庭教育方法不当

家庭教育是孩子教育生涯中的一个重要环节,家庭教育方法不当会阻碍儿童的发展,影响他们的学习效果,更会影响他们的一生。因此,在家庭教育中应避免以下三种不当的方法:①保姆式教育,家长替代孩子做得过多,使孩子失去自己动手的机会,从而滋生依赖心理,缺乏独立自主的学习能力;②疲劳式教育,家长周六、周日给孩子请家教补课,使原本期待学习一周后能好好放松的孩子再陷入劳累之中,失去了周末的愉悦之感,增强了学习的沉重感,减弱了学习的兴趣,产生厌学心理,造成学习效果不佳;③缺乏沟通式教育,家长忙于工作,与孩子交流、沟通较少,对孩子的学习关怀缺失,教育方式不当,使孩子产生不认真学习的情绪与心理状态。

3.单亲家庭的不良影响

单亲家庭是指由于丧偶、离异、分居、未婚先孕等使构成家庭主体的成员不齐全的家庭。越来越多的研究证明,单亲家庭形成的不良环境是影响孩子心理发展的一个重要因素。对于大多数单亲家庭而言,其特殊环境通常给孩子的身心发展造成很大的负面影响,主要表现在四个方面:①孩子有强烈的自卑感和不安全感,缺乏自信。离异家庭的子女由于在学校里常常受到同学的轻视,甚至是讥笑和嘲弄,加上社会的偏见和不良舆论,他们往往抬不起头,觉得父母的离异很羞耻,感到低人一等,产生了强烈的自卑感。同时,父母的离异,使孩子强烈地感受到失去父爱或是母爱的痛苦,使他们失去了已有的安全感和幸福感。②孩子性格孤僻,交往能力欠缺。单亲家庭的孩子因长期的抑郁而逐渐形成孤僻、怯懦的性格,他们对周边的人和事缺乏信任感。有的孩子由于长期生活在争吵的环境中,变得情绪暴躁,这些消极的性格特征会影响他们的人际交往、同伴关系,造成他们交往能力的下降,甚至造成交往障碍。③孩子精神负担重,学习成绩不理想。由于许多单亲家长把自己所有的希望都寄托在子女身上,要求子女出人头地,特别是在学业上,给子女造成过重的心理压力与负担,使儿童在学习上出现精力不集中、注意力涣散、不能专心听讲等现象,导致其学习落后,成为学习有困难的儿童。④家长缺乏正确的引导和约束,造成孩子学习不用功。因为单亲家庭双亲中一位的缺失,导致儿童的家庭教育失衡,与母亲生活的儿童得不到父亲能够带给孩子的安全感、勇敢、坚强、权威等方面的影响,与父亲生活的儿童得不到母亲在关心、体贴、细心、温柔等方面对孩子产生的潜移默化的影响。单亲家庭结构的不完整性对孩子产生的不良影响,使他们放任自流,缺乏自信心和上进心,学习也不用功。

4. 家长对儿童的不正确教育态度

家长对儿童教育的正确态度会给孩子的成长与发展带来很大的正面影响,在儿童健康人格的培养、良好习惯的养成以及积极的学习态度等方面尤为显著;反之,带来的负面影响也可想而知。通过近些年来深入的调查与研究,我们发现家长对儿童的不正确教育态度主要表现在以下三个方面:①家长对儿童的高期望态度。当今社会独生子女已属普遍,许多家长对孩子期望值过高,不顾孩子的实际情况,用较高的标准去要求孩子,强迫孩子学外语、背诗词、弹钢琴等。一旦孩子达不到他们要求的标准,就会严厉惩罚,使孩子心灵受到伤害,同时对学习产生反感情绪。②家长对儿童的溺爱态度。中国有一句古语:"惯子如杀子。"尽管有这样的古训,但是家长对孩子的百般宠爱、有求必应的错误态度依然存在,这使孩子养成了以自我为中心、唯我独尊、缺乏感恩等多种不良心理,对儿童的健康成长与发展带来诸多负面影响。家长对孩子的溺爱,导致孩子能力低下,各个方面的能力退化。这使孩子在学习上遇到诸多的障碍,也就是说,在学习的每个环节上都会受挫,导致孩子不喜欢学习,最后厌学,甚至辍学。③家长对儿童教育的严厉态度。在教育孩子的问题上,态度严厉的家长常常显得非常强势,对孩子说一不二,给孩子制定各种标准、规则,希望通过自己的严厉教育出一个懂礼貌、识大体的孩子。有时候为了孩子的学习,家长不让孩子看喜欢的电视节目,限制孩子交朋友。家长过于严厉的教育态度,使孩子接受到的批评多于鼓励,儿童该有的自尊心和爱得不到基本的满足。所以,这种严厉的教育态度在很大程度上增加了儿童学习的心理压力与负担。最后,有的孩子因经常受到家长的批评、责怪或打骂产生心理恐惧、强迫等情绪困扰或障碍,导致学习状态每况愈下,甚至少数儿童出现了无法继续在校学习的困难现象。

5.家庭教育的缺失

家庭是儿童成长、学习的第一所学校,父母是孩子的启蒙老师,父母良好的行为举止、得当的教育方法,以及和谐的家庭氛围对孩子的生理和心理成长至关重要。乔治·华盛顿曾说过:"让孩子感到家庭是世界上最幸福的地方,这是以往有涵养的大人明智的做法。这种美妙的家庭情感和大人赠送孩子们的那些最精致的礼物一样珍贵。"然而,目前我国家庭教育的现实情况正好相反,大量的调查研究结果表明,家庭教育的缺失已经成为导致儿童学习困难现象的关键因素,主要表现在以下三个方面。

(1)儿童家庭教育忽略型。

对儿童家庭教育的忽略是因为父母平时工作忙或因为其他原因,没有时间关注儿童的学习,从而经常忽略对儿童的教育。例如,当孩子的学习出现困难现象时,父母都忙于工作,无暇关注孩子的学习问题。孩子在学习上遇到的困难问题家人无法给予帮助,日积月累,孩子面临的学习困难问题越来越多,学习成绩不断下降。加之与父母沟通不畅的问题,儿童很容易产生消极的学业情绪,并丧失学习兴趣,出现厌学现象。

(2)"隔代教养"型家庭教育。

"隔代教养"是指父母长期缺位无法抚养子女而由父母的长辈抚养,长期担任代理父母或共同管教角色,时间长达一年以上者。目前,"隔代教养"在我国已经成为一种不可忽视的社会现象,特别是生活在农村的"留守儿童",他们的课后学业学习引起了社会的普遍关注,我们针对隔代教养这种社会现象,分析其给儿童学习带来的不良影响。首先,祖辈对孙辈过分溺爱,大多数时候都不能客观地按照原则去处理孩子的问题,严重影响了儿童性格的健康发展,导致他们在学习上产生强烈的畏难心理,缺乏学习上的进取心。其次,祖辈与孙辈的年龄差距大,祖辈的教育方式难免与现在儿童所接受的教育模式存在差异性,从而在教育上呈现出矛盾与冲突的现象,给儿童的学习带来负面影响。除此之外,祖辈接受的早期教育理念及其文化水平高低都会影响儿童的学习效果。

(3)"心有余而力不足"的家庭教育。

"心有余而力不足"的家庭教育的问题主要体现在两个方面。一方面是家长很想帮助孩子一起学习,完成他们的课后作业,可是苦于家长自身的文化水平较低,看不懂孩子的作业,因而无法帮助儿童正确有效地完成学习上遇到的困难问题;另一方面是家长受过一定的教育,看得懂孩子所学的内容,却对孩子的教育方法不当。虽然他们很想多花一些时间陪伴孩子,把孩子的功课教好,可是屡战屡败,经常是以气馁的情绪告终,却责怪是孩子"笨",教不会。这种指责严重伤害了儿童对学习的自信心,同时,也影响儿童对学习困难原因的正确归因。

 **案例**

一位初一的女生小丽,她的父母感情不和。有一次,她在无意间发现了妈妈的秘密:妈妈有外遇。小丽无法承受这样沉重的打击,觉得自己近乎崩溃了。她在学校里不能专心上课,心里充满了各种担心与恐惧,担心爸爸和妈妈会离婚,担心自己会失去父母的爱,担心自己的将来,同时也对未来会发生什么充满了恐惧。在这样的心理状态下,小丽的学习情况可想而知了。

 **问题与思考** ●

　　假如您是小丽的家人，或是她的老师，那么，发生在小丽身上的家庭关系不良问题，给您带来了什么样的思考？

 **案 例**

　　小时候一直跟爷爷奶奶生活的小军，直到读小学时才回到城市父母的身边。由于父亲在远在几千里之外的地方上班，一年回家的次数有限，母亲总觉得对不起孩子，亏欠了孩子，因此总有一种补偿心理，对孩子几乎是百依百顺，有求必应，尤其是物质方面的要求。读三年级的时候，这位原来很温顺的小帅哥逐渐变成了小霸王。妈妈满足不了他的需求，他动辄发脾气，扬言不写作业，不上学，甚至要离家出走……当时的成绩排名尽管没有在班里倒数，但他对学习的态度忽冷忽热，想学了，成绩就上去了，不想学了，成绩很快就落了下来，他的妈妈几乎是每天哄着他完成作业。在学校里，开始他还算是个听话的、比较遵守班级纪律的孩子。升入五年级后，他的坏习惯越来越多，甚至有顶撞老师、在厕所里抽烟等不良行为，班主任一气之下对他体罚后，他就回家撒泼不去上学了。

 **问题与思考** ●

如果您是这位孩子的家长或是老师,会有何感想?

(四)社会环境因素

我国古代教育学家荀子说:"蓬生麻中,不扶而直;白沙在涅,与之俱黑⋯⋯故君子居必择乡,游必就士,所以防邪避而近中正也。"(出自荀子《劝学》),这是向我们强调社会环境对人的潜移默化的影响。还有"孟母三迁"的故事:孟子的母亲为了让幼小的孟子接触良好的社会环境,曾一度三迁住所。从这个故事,我们可以看出社会环境对儿童成长的影响。俗话说:"近朱者赤,近墨者黑。"良好的社会环境对儿童的身心发展会产生巨大的助力;反之,对儿童的学习与发展带来极大的阻力。由此可见,儿童的学习、成长与他们生活的社会环境因素息息相关。然而构成社会的因素又是复杂而多种多样的,但就对造成儿童学习成绩不良的社会环境影响因素来说,我们着重从社会文化因素方面进行调查与研究。

1. 网吧处处开,学生沉迷网络

在科技飞速发展的今天,手机、平板电脑的使用已经非常普遍了,就连中小学生都拥有各自的手机。虽然手机给人们带来了极大的方便,但在方便人们的同时,也给中小学生的学习带来了很大的负面影响。网络游戏、网络小说,以及黄色网站等侵占了儿童读书学习的时间,陷儿童于一种欲罢不能的痛苦之中,这种冲突与矛盾的心理对儿童的健康成长与奋发图强带来了极大的困扰,使他们的学业成绩不断下降,相对于同龄人成为学习落后生。更有甚者,一些未成年人犯罪是因为看了网站播放的黄色淫秽图片。有的法官问他们:"难道就没有人发现你们在看这些东西吗?"他们说,都是背着父母、老师在网站上偷偷看的。当儿童被这些负面影响侵蚀时,谈何学习、积极向上?

由此可以看出,网络文化的不断发展、娱乐种类的逐渐增多,对成长过程中充满好奇心的儿童有极大的诱惑力。如果成年人没有很好地对网络游戏、网络小说、黄色网站等进行管理,或是没有很好地与儿童进行网络使用的正确引导,那么,它们都会对儿童的学习与健康成长带来非常巨大的负面影响与危害性。

2.社会舆论"读书无用论"的不良影响

目前,我国部分学业成绩不佳的学习落后儿童因为受到"读书无用论"思想的影响,以及家长不经意的言行的影响,觉得读书真的无用,从而产生厌学情绪,失去了好好读书的学习动力。我们的研究结果表明,造成这种不良影响的主要原因有以下四个方面。

(1)不读书也可以挣大钱。随着社会经济的快速发展,一些人滋生了"金钱主义"的拜金思想,这种金钱价值观对儿童的学习产生了很大的负面影响。例如,一个学生过生日,他没读太多书做生意的舅舅给了他2000元,而读书最多的舅舅因为是工薪族只给了他100元。这件事,让这位学生"懂"得了读书不是最重要的,读书多不一定挣钱多。

(2)不读书也可以事业有成。有些儿童看到自己的父母小学没有毕业,却有能力自己创业,拥有自己的企业,过上富有的生活,于是受到父母"榜样"的影响,失去学习的兴趣。除此之外,儿童还会受到其他社会"榜样"的影响。

(3)"就业难"的负面社会影响。十年寒窗苦读,毕业即"失业"的观点严重影响了儿童学习的积极性。一些想要靠高考改变命运的农村青年面临无能为力的难题:高昂的学费让贫困家庭难以负担,花费巨额费用大学毕业后却找不到工作。相关研究结果显示,在一些农村学校,放弃高考的学生高达三成。尤其是近些年,一些大学生认为毕业即"失业",远不如初高中毕业生挣钱来得实在。在农村很多家长谈论读书无用,家长的这种想法严重影响孩子的正常学习。

(4)"媒体典型案例"的负面影响。初中生正处于人生观、价值观确立的关键时期,很容易受到外界的影响。一些媒体介绍的典型案例可能对他们产生很大影响,如北大高材生毕业卖猪肉的新闻,没有上过学的陶华碧身价上亿的新闻,以及全球首富、微软创始人比尔·盖茨辍学创业的新闻等,都会影响初中生的价值选择,得出"读书无用论"的判断。这些"媒体典型案例"的负面影响,导致学龄儿童对学习失去了原有的热情与兴趣,在学校的学习活动中表现出明显的学习动力不足现象。

3.电视对儿童的不良影响

早在1988年,美国的心理学家就开始研究电视对青少年的影响,研究统计结果显示,看电视行为始于婴儿期,随后逐渐增长到12岁,儿童到了青少年时期该行为稍稍减少。那么,儿童经常看电视会对他们的认知、社会交往,以及情绪发展带来不良影响吗?

针对这个问题,学者们将有机会收看电视的儿童和偏远地区无电视可看的儿童进行比较研究,以确认两者是否有系统性的差异。进行实践研究的对象是加拿大Netel镇和加拿大其他相似乡镇的儿童们。研究结果表明,在Netel镇引进电视之前,住在该地区的儿童所测出来的创造力及阅读精熟度的指标均较其他住在加拿大相似乡镇收看得到电视的同龄儿童的创造力及阅读精熟度的指标要高。不仅如此,在Netel镇引进电视2~4年后的追踪研究结果显示,该镇儿童的阅读技巧及创造力明显下降,相当于其他相似乡镇儿童们的水平;该镇儿童的社区参与感减少了;在攻击和性别刻板印象行为上的指标数值则急剧上涨(Corteen and Williams,1986;Harrison and Williams,1986)。

从以上的研究结果,我们发现,如果儿童看电视的时间过长,可能给儿童带来诸多不良影响。例如,使孩子"变笨",也会损害儿童的社交发展,引发攻击行为。不仅如此,电视广告对玩具、速食品和糖果甜点等的宣传与颂扬,会使儿童吵着要求父母购买他们在电视广告里看到的产品。一旦家长拒绝孩子的要求,就会产生亲子之间的矛盾与冲突。

 **案 例**

一名在小时候父母就进城务工的中学生述说了自己变成一名学习困难生的过程及心理经历:"父母把我留给爷爷奶奶带,他们进城去打工,把辛苦挣的钱寄给爷爷和奶奶。所以,我们的生活条件还不错,想买什么,爷爷和奶奶就会帮我买,感觉还挺好的。于是,我便浮现出一个想法,爸爸和妈妈都是中学没有毕业,他们在城里都能够找到工作,挣到钱养家。那么,我为什么还要刻苦读书呢?从此,我的心里对于读书这件事的理解发生了很大的变化,开始觉得这书读不读也没有什么关系了……"

问题与思考 ●

父母外出打工的农村"留守儿童"看到没读过多少书的父母照样能在外打工挣钱,于是留在农村的这些留守儿童成了辍学的主力军。如果您是这位孩子的家长或是老师,请您思考一下这些留守儿童的父母给子女们做出了什么样的"榜样"?该如何正确引导、教育这些儿童?

 **案 例**

小军同学的父母靠他们打拼,拥有了自己家的服装公司,经营得不错,父母二人可谓事业小有所成。依据他们的人生经验,金钱是衡量一个人价值的标准,一

个人的社会经验和阅历更重要,有没有读过书,读了多少书并不重要。所以,他们从来不重视小军的学习情况,对小军的学习也没有预期和未来的憧憬等。小军受父母的影响很深,认为父母知识不多,挣钱也不少。于是,还是一名中学生的小军就产生了自己挣钱养活自己的想法。

问题与思考 ●

如果您是这位中学生的老师,您将会怎样引导教育他?

第二章

解决儿童学习困难的可行性策略

学生学习感到困难,学习成绩差,跟不上同班学习成绩好的同学的学习步调等问题,经常困扰着科任老师和家长,也给孩子们带来学习上的苦恼和心理上的压力。为此,我们针对儿童学习困难的问题展开研究,首先,了解儿童学习的困难现象类型;其次,分析这些学习困难现象产生的原因;最后,根据这些形成原因设计教育转化策略。

记得我的博士导师 Ануфриев. 教授经常强调:"一个正常的孩子,是不可能教不会的。如果在学习上出现学习困难现象,那一定是有原因可寻的,并且这个学习落后的学生通常是可以教育转化成功的。"所以,我们要想解决儿童学习困难的问题,就必须透彻了解隐藏在儿童学习困难现象背后的各种因素,采取切实可行的、有针对性的措施与方法,培养儿童的学习兴趣、激发儿童的学习动机,实现学习落后儿童成功转化的教育目标,以帮助这些学习困难的儿童走出学习困境,顺利完成学业,将来拥有幸福的人生。

我们根据儿童产生学习困难的可能的心理原因的分析与研究结果,提出以下解决儿童学习困难的可行性策略。

(1)为儿童创造良好的学习环境。

(2)帮助儿童树立正确的学习目标。

(3)重视儿童的养成教育。

(4)教会儿童学习方法。

(5)提升儿童的学习能力。

(6)关注儿童的学业情绪。

(7)学会对儿童进行赏识教育。

(8)强化儿童学习的自信心。

(9)及时反馈儿童的学习结果。

(10)培养儿童的学习兴趣,激发其学习动机。

一、为孩子创造良好的学习环境

　　一位教育学家曾说过："如果孩子生活在被批评的环境中,他就学会指责;如果孩子生活在被鼓励的环境中,他就学会自信;如果孩子生活在恐惧的环境中,他就学会忧心忡忡;如果孩子生活在被羞辱的环境中,他就学会内疚;如果孩子生活在受欢迎的环境中,他就学会关爱别人;如果孩子生活在安全的环境中,他就学会信任;如果孩子生活在赞许的环境中,他就学会自爱;如果孩子生活在互相承认和友好的环境中,他就学会在这个世界上寻找爱。"这段名言告诉我们,孩子的成功离不开一个有利于其成才的外部学习环境。学习环境是指学习的外部条件。学生的学习环境一般可分为学校学习环境、家庭学习环境和社会学习环境,孩子的大部分时间是在学校和家庭中度过的。由此可见,学校环境和家庭环境对一个孩子的成长起着至关重要的作用。因此,教师和家长对于营造孩子的良好的学习环境有着不可推卸的责任。

　　心理学家马斯洛说："如果他最终要得到自身安宁的话,那么音乐家必须作曲,艺术家必须绘画,诗人必须写作。人必须成为他能够成为的人。"学生的学习,也正是其自我实现的过程。国家、政党、教育工作者应该努力为青少年创造一个安定的政治环境,并力求以良好的经济条件来满足学生学习的物质需要,保证他们的身心健康、和谐地发展。布朗芬布伦纳提出的四个生态系统论:①小系统,是指儿童和周围环境的互动关系;②中系统,是指儿童与周围环境(家、学校、同辈人群体)的关系;③外在系统,是指会影响儿童但不包含儿童的社会环境;④大系统,是指文化思想体系。

因此，儿童教育不仅仅属于某一教育部门或机构的责任，家庭、学校和社会都应该互相配合、齐抓共管，共同关心下一代的健康成长，为儿童创造一个良好的学习环境。

 **案 例**

小丽是一个活泼可爱的初一年级学生，平时在学校住宿，只有周末才回家。某个周末小丽放学回到家，吃过晚饭后，妈妈让她回自己房间写作业，乖巧的小丽回到房间，拿出作业本做老师布置的周末作业。妈妈则在客厅看电视。不一会儿，小丽从自己的房间走出来，坐在妈妈旁边陪妈妈看电视。妈妈不让小丽看电视，让她回房间写作业，小丽只好嘟哝着嘴巴不情愿地回到房间写作业。但当小丽在写作业的时候，耳朵里总是传来客厅电视剧的声音，她没有办法认真地写作业，心里充满了抱怨的情绪。

 **问题与思考** ●

如果您是这位孩子的家长，这则案例带给您怎样的启示？

二、帮助儿童树立正确的学习目标

儿童为什么要读书？成功的教育能够形成一种独立的、不易受社会其他功利价值影响的价值判断。可以说，受过良好教育的和没有受过教育的人的思维方式、谋生本领、处世能力和思想内涵等是截然不同的。从长远来看，受过教育的人远比没有受过教育的人更有前途。

美国社会形成了坚定的教育信仰，无论美国人在现实生活中多难找到工作，他们都很少抱怨"读书无用"，通过教育改变其人生的信念也不会改变。例如，哈佛著名的辍学生——微软创始人比尔·盖茨辍学创业 32 年后，最终获得母校哈佛大学的荣誉学位，实现了他对父亲的承诺。比尔·盖茨还调侃自己的简历，开玩笑地说："我明年就会换工作，我终于能够在简历上加一个大学学位了，那会很不错。"比尔·盖茨还曾经在对校友的演讲中调侃自己的"坏影响"，他说："我是一个有坏影响的人，所以在你们毕业的时候我才受邀来讲话。如果我在你们的入学介绍会上演讲，今天不会有这么多人坐在这里。"比尔·盖茨对哈佛的学弟、学妹们有很高的期待，他说："你们即将开始自己的职业生涯，但工作不是最重要的事，不要以工作成就来评价自己。要更多地考虑你有没有努力消除世界上的不平等？你怎样对待那些和你毫无关系的人？"由此可见，即使是比尔·盖茨这样的成功人士，他的内心深处依然非常在乎高等教育的文凭，他一直在追求大学的梦想，从来没有放弃。

通过比尔·盖茨的真实案例，中国学生也应该在教育理念上有所转变，不再把比尔·盖茨辍学看成"读书无用论"的论据，而应该重新认识教育的本质、学习的真谛——成为一个合格的社会人。正如夸美纽斯(Comenius)所说的"只有通过教育才能成为人"。

由此可见,对于儿童来说,要让他们明确自身的学习目的,激发其主动学习的自觉性,并培养他们的意志力。同时,家长和老师都要经常与他们进行交心式的交流与沟通,建立相互信任的关系,从而督促孩子,帮助他们树立学习目标,使其接受良好的教育,认真读书学习。此外,要让他们懂得读书的目的不仅仅是有一份工作,而是懂得读书的深远社会意义:只有通过不断地学习才能够丰富自身的知识、提升自身的文化水平,将来才能成为一个对社会有贡献的人。

 **案例**

一天下午,一位初二的男学生和他妈妈来到我的办公室,学生的妈妈非常焦虑地问我:"老师,我这个孩子现在一点都不想学习,该怎么办呢?"我转头看向孩子,孩子不以为然地说:"读书有什么用? 现在很多大学生毕业后都没有工作。那我还要努力读书、读大学干什么?"学生的妈妈听到孩子的话语,难过地流下了眼泪。我非常明白这位妈妈的苦心。作为母亲,她自己没有读过多少书,很小就走上社会,打工养活家人,吃了不少苦。所幸苦尽甘来,现在也有了自己的企业,有了幸福的家庭和心爱的孩子。她从内心深处盼望孩子不要走自己的老路,能够好好读书,将来拥有更好的工作与生活。而孩子却觉得他妈妈没有上大学也能够当老板,拥有不错的生活,而自己即使读了大学也不一定会有好工作,因此产生了厌学心理,不再努力学习,整天想着混到初中毕业以后就去妈妈公司上班。妈妈眼里就出现了一个不爱读书、虚度光阴的儿子。面对这个儿子,妈妈束手无策。

 **问题与思考**

如果您是这位孩子的家长,请您思考一下,造成这位孩子厌学的心理原因是什么?

三、重视儿童的养成教育

所谓"养成教育",就是培养学生良好行为习惯的教育。养成教育往往从行为训练入手,综合多种教育方法,全面提高学生的知、情、意、行,最终形成良好的行为习惯。例如,培养学生的文明礼貌习惯、学习习惯、卫生习惯、语言习惯和思维习惯等。没有养成良好的学习习惯是儿童学习困难的一个主要因素。刘全礼(2007)对136名学习困难儿童的学习习惯的研究发现,学习习惯未形成者占51.5%。心理学家威廉·詹姆士说:"播下一个行动,你将收获一种习惯;播下一种习惯,你将收获一种性格;播下一种性格,你将收获一种命运。"一个人的行为习惯与他的性格、命运密切相关。从某种意义上来说,习惯可以影响甚至决定人的一生。著名教育家乌申斯基说:"良好习惯乃是人在神经系统中存入的道德资本,这个资本不断地在增值,而人在其一生中就享受着它的利息。"当代教育家叶圣陶说:"什么是教育?简单一句话,就是要养成习惯。"由此可见,从小养成良好的学习习惯对儿童的学习有着重要的影响。然而,学习困难儿童大多数缺乏良好的学习习惯,例如,上课不能集中注意力听讲,写作业拖拉、潦草,学习用具凌乱,丢三落四,一边学习一边玩耍,没有学习计划,不会管理自己的时间等。因此,要改变学习困难儿童学习差的现状,就需要从儿童的养成教育做起,培养他们良好的学习习惯。

那么,儿童应该养成哪些学习习惯? 我们认为有以下这些学习习惯需要养成。

(1)课前预习习惯。儿童应在课前预习教师要讲的内容,并且会利用工具书或参考书进行学习,能采用科学的方法进行预习,熟悉教学内容。上课时应紧跟教师的讲授进度,抓住讲解重点,积极思考,不断地质疑问题,提高听讲效率。

(2)课堂听课习惯。课堂听课习惯是儿童在课堂上经常表现出来的行为方式,包括提问、答问、注意力、思维等方面的情况。

(3)课后复习习惯。课后复习的目的是进一步巩固、理解课堂上所学的知识,因此,儿童要养成课后复习习惯,在课后能够做到自觉而有效地复习。

(4)课外阅读习惯。课外阅读习惯是儿童在阅读时所采用的方法和技巧,例如,写读书笔记、把握重点、归纳要点等。

(5)完成作业习惯。儿童在完成作业的过程中能够巩固所学知识,建立起新旧知识之间的联系,做到举一反三、触类旁通,因而对写作业产生积极情绪且充满成就感。

(6)应对考试习惯。儿童在考试时的行为表现会影响其考试的成绩。培养儿童面对考试的坦然心理,使他们认识到考试就是自己收获知识的日子,不必紧张焦虑或是作弊,用阳光健康的心理迎接考试。

(7)合作学习习惯。合作学习习惯是指学生在学习中愿意并能够与他人协作,共同解决问题。在合作学习中,儿童能发挥自己的最高水平,在相互帮助中共同提高,增强同学之间的联系,并且能够提高学习效率。

(8)学习卫生习惯。学习卫生习惯是指儿童要在学习的过程中养成用脑科学、用眼卫生的习惯。注意劳逸结合,保持旺盛的精力,提高其学习效率。

(9)自主学习习惯。自主学习习惯是指合理地安排自己的学习活动的习惯,能够不依赖别人,独立自主地进行学习。

(10)元学习习惯。在这里,首先要明白一个心理学上的概念"元认知","元认知"简单来说就是对认知"的认知。而元学习研究的是人是如何意识和控制自己的学习的,也就是对学习本身进行的思考。元学习习惯即儿童要养成积极主动的学习习惯,同时还能够计划未来,监视现在,有效控制自己的学习过程。

除此之外,还要注重培养儿童的心理养成,如培养儿童的学习兴趣、学习动机、学习意志、自我意识,以及良好的气质和个性品格等。因为一个人的学习能力及其他素质的提高,既包含智力因素,也包含非智力因素。在智力水平相当、其他条件相同的情况下,儿童学习成功的概率更倾向于非智力因素。因此,儿童的养成教育对于儿童自身的成长与发展是非常重要的,家长和老师一定要注重儿童的养成教育。

在家里,家长可以利用周末的时间,安排孩子做一些体育锻炼,培养他们坚强的意志力,如跑步、打羽毛球、跳绳等;此外,家长还可以鼓励孩子做一些家务劳动,如扫地、洗衣服等。这些周末活动不仅可以培养儿童坚强的意志力、对家庭的责任心以及动手能力,同时,还可以使孩子养成劳逸结合的好习惯,使孩子减轻学习压力,放松心情,为接下来的有效学习做好准备。这些养成教育都将有益于他们自身学业的良好发展。在学校里,老师可以要求儿童在写作业之前,先收拾自己的书桌,把无关的东西拿掉,鼓励儿童不要依赖橡皮、修正带等物品,下笔之前想清楚了再开始写作业;写完作业后,要养成检查的习惯。这些都是儿童要养成的良好学习习惯,只有这样,才能有效提升他们的学习效率。

总之,无论是家长还是老师,都要关注儿童的养成教育,培养他们良好的习惯,让儿童多一种好习惯,他们的人生就会多一些成功的机会;让儿童多一个好习惯,他们的生命里就多一份美好生活的能力;让儿童多一个好习惯,他们就会在通往成功和梦想的道路上获得开启自身智慧之门的金钥匙。在此,请家长和老师务必齐心合作,不断努力,培养儿童良好的习惯,重视儿童成长过程中的养成教育。

 **案例**

小丽是一个聪明、活泼、开朗，人见人爱的孩子。但是，她对学习不感兴趣，不喜欢看书。经常放学回家后把书包扔在一边，不是看电视，就是玩游戏、听歌，从不主动做作业，每天都是在妈妈的一再催促下，才勉强动笔。很多时候老师布置的作业是什么都记不住，要打电话问同学。写作业之前从不复习，拿起笔就写，经常写错别字，写完从不检查。文具、书本常常乱放，到学校后又打电话让妈妈送书或作业本，上课也不思考，不举手发言。这些行为习惯严重影响了小丽的发展，导致其学习成绩不理想，智力水平得不到提高，实际发展水平远远低于她可能的发展水平，这让家长十分苦恼。

问题与思考

如果您是这位孩子的家长或是老师，您发现小丽学习状况不佳的根本原因了吗？需要怎样做才能改变她目前的学习现状？

四、教会儿童学习方法

儿童在学习的过程中，如果没有采用正确而有效的学习方法，就会导致其学

习效果不佳。一般来说，与正常儿童相比，学习困难儿童往往在课堂中不能跟随教师的指令和思路学习，下课也不会复习，遇到问题不会请教老师，不能使用有效的学习策略，如记忆策略、归纳总结等改善学习方法，而常常被动学习，得过且过。因此，教会儿童正确的学习方法和技巧，是解决他们学习困难的主要途径之一。

一般来说，儿童学习方法不当主要表现在以下几个方面：①不善于制订学习计划，普遍存在被动应付作业和考试的现象，缺乏积极学习的自主能动性，经常考虑"老师要我做什么"而不是"我要做什么"。②不会合理地利用时间，大多数儿童不知道什么时候应该学习，什么时候可以玩。③不懂得预习，大多数儿童在课前很少预习或者不会预习。他们往往只是把书读一遍，既不做预习笔记，也不动脑思考，找不出书本知识的重点和难点。④不会听课，许多儿童在听课时没有目标，不会思考，在课堂上既不发言，也不会提问题，更不会认真做课堂笔记。⑤不会在课后复习功课，多数儿童没有课后复习的习惯，写作业前不看课本和课堂笔记，也不去回想当天所学的知识，更不会对所学知识进行阶段性总结、归纳、整理。⑥不会阅读，儿童常用的阅读方式是默读，有一部分儿童不仅不会默读，而且不善于阅读，阅读时没有重点，不会带着问题去读，读完后收获甚微，也不做读书笔记。⑦不擅长使用学习策略，即元认知策略、情感策略、社会策略、记忆与认知策略以及补偿性策略。元认知策略能够帮助儿童计划、管理以及评估学习过程；情感策略能够提高儿童学习的兴趣和态度；社会策略能够促进儿童之间的合作，不仅能够增强儿童的学习兴趣，还能够通过合作学习提升儿童的理解能力；记忆与认知策略能够增强儿童的记忆与思考能力；补偿性策略能够帮助儿童克服知识上的不足。如果儿童不会使用这些学习策略，他们将会失去对学习活动的能动把握，失去对自我学习的调整和监控。

俗话说："授之以鱼不如授之以渔。"那么，如何指导儿童使用正确的方法学习呢？我们将从以下几个方面进行翔实的指导。

(一)预习方法指导

预习是指学生在教师讲课之前，独立地自学课程内容，做到初步理解，并做好学习新知识的准备工作。预习的一般步骤如下：①读。先粗略读一遍领会教材的大意，然后再细读，边读边思考。对读不懂和想不透的地方，要能提出疑问。②画。划层次，画重点。如果读完之后看不出层次，抓不住重点，那就是没有读进去。③批。将自己的看法、体会写在书的空白处或预习本上。这些看法、体会是否正确，可以在听课的过程中加以验证。④写。把不懂的问题简洁地整理出来，写在预习本上。⑤思。读后合上书本，思考：下节课教师要讲什么？自己有没有可能听懂？与新问题有关的知识是什么？自己是否掌握？还有什么问题需要上课时向教师提出来？⑥做。如果时间许可，可以做几道练习题，检验预习效果。

教师在指导儿童预习时，一定要根据不同年级儿童的特点，给予具体的指导。低年级儿童可在课内预习，即上课后和教师讲新知识之前，根据教材的知识目标，教师向儿童布置预习题目并授予预习方法，之后逐渐向课外预习（在课堂以外的时间预习）过渡。对于中学生，教师应要求他们课前进行自主预习，并持之以恒地养成课前预习的习惯。

(二)课堂听课方法指导

听课是学生学习的中心环节，是学生获得新知识的主要途径。学生是否会听课，对其知识的获取、智力的发展及能力的提升意义重大。那么，应该怎样听课呢？教师要指导学生做好以下几点。

1. 做好听课前的准备工作

听课前的准备工作主要包括：①物质准备，备好上课必需的学习用品，例如教科书、练习本、笔、尺等；②知识准备，即对原有知识点的复习准备和新知识的预习准备；③心理准备，即要有积极学习的心态，例如强烈的求知欲、饱满的学习热情、浓厚的学习兴趣和坚强的学习意志；④生理准备，要做到早睡早起，中午和课间不做剧烈运动，注意饮食卫生和营养卫生。

2. 专心听讲

教育家乌申斯基曾经形象地比喻："注意是学习的窗户，没有它，知识的阳光

就照射不进来。"可见,专心听课非常必要。因此,教师应教育学生做到寄希望于课堂而不是课外;要积极思考,开动脑筋,多思考多提问;要养成集中注意力的习惯,从小学一年级就开始培养良好的坐姿。

3. 注重课堂思考的过程

教师要引导学生在听课的过程中进行积极的思考,儿童不能跳过学习思考的过程死记硬背。结论是末,推导过程是本,舍本逐末,既不能掌握知识,也不能发展智力。

4. 理清思路

思路即思考问题的方向和步骤。理清思路,就是把教师上课时运用的思维形式和思维方法理解清楚,目的是向教师学习如何科学地思考问题,锻炼自己的思维能力,从而进一步提高学习效率。

5. 记笔记策略

记笔记策略是生成策略中使用较普遍的精加工策略。俗话说,好记性不如烂笔头。记笔记不仅能够有效地控制自己的认知过程,还有助于概括新的知识和建立新旧知识之间的联系。记笔记的主要作用包括:一是能够提高学习者的注意力和兴趣,二是能够有效地组织课堂学习材料。

(三)复习方法指导

复习是指为了强化对信息的记忆而对信息进行反复加工的过程,是学习不可缺少的环节。那么应该怎样复习呢? 从整体上来看,教师可以从以下三个方面来指导学生复习。

1. 及时复习

及时复习主要是理解、巩固当天所学的知识。根据艾宾浩斯遗忘曲线,遗忘速度开始时最快,学习后的 10 个小时内复习 10 分钟比 5～10 天后复习 1 小时的效果要好得多。因此,要及时复习,特别是对于那些意义性不强的学习材料,更需要及时复习。及时复习的具体步骤如下。

（1）尝试回忆，即不看书，独立地把教师上课讲的内容回想一遍，并反问自己：今天教师主要讲了哪几个问题？哪些自己已全懂了，哪些还不懂？坚持这样做，不仅能够及时检查当天听课的效果，还能够增强记忆力，养成善于思考的习惯。

（2）阅读课本，对照教师上课讲的内容，看看哪里理解对了，哪里理解错了，把理解错了的地方画出来再重点复习。

2.分散复习

由于记忆消退、其他因素的干扰，儿童学习的材料会随着时间的推移而出现不同程度的遗忘。因此，需要采用分散复习来保持对学习材料的记忆效果。例如，如果儿童当天学习了20多个英语单词，那么当晚复习1小时不如当晚复习30分钟、第二天复习15分钟、第四天复习10分钟、一星期后复习5分钟。一天中复习的时间安排也是如此，集中1小时复习不如将时间合理安排于早、中、晚复习。

3.系统复习

系统复习是指用比较集中的时间对学过的知识进行再加工的过程。系统复习从时间上划分包括周复习、月复习、期中复习和期末复习等；从内容上划分包括单元复习、总复习等。低年级小学生的系统复习主要是在教师的带领下进行的，高年级小学生可在教师的指导下自主进行学习。

教师还可以指导学生学习以下复习技巧：①限时记忆。限时记忆主要应用于临时需要记住大量材料的场合。当我们对学习记忆的时间加以限制时，随着限制时间的来临，将会出现"优势兴奋"现象，即大脑的兴奋度会提高，它的机能因此而被调动起来，记忆效果就会更好。②过度学习。过度学习是指在"记得""学会"的基础上，再增加一些学习时间，使人对学习材料的掌握达到更高的程度。一般来说，过度学习较适用于那些必须准确记忆但没有太大意义的操练性信息，例如乘法口诀表、汉字书写和英语单词的拼写。

除此之外，教师还应该提醒学生在复习时注意以下事项：①克服记忆效应，一是克服复述过程中不同材料的干扰；二是克服首因效应和近因效应的影响。②运

用多种感官协同记忆,可在大脑中留下多方面的回忆线索,从而增强记忆效果。例如,边听边看、边说边写、边听边做、边想边动手等。③采用多种形式复习,这会使复习更加持久专心,不单调,利于多角度地理解知识内容。例如,复习英语生词时,可采用朗读、抄写、默写、看中文回忆英文或看英文回忆中文、用单词造句、同学之间互问互答等多种方式。④保持积极的心态、态度和兴趣。孔子说过,"知之者不如好之者,好之者不如乐之者"。如果我们对某件事情感兴趣,或者对它持积极态度,就会记得牢;反之,则容易忘。因此,若想保持良好的记忆力,就应该对要记背的材料保持积极的态度。

(四)写作业方法指导

我们一般把学生完成作业的步骤分为以下六个步骤。

1. 复习

儿童写作业前要先复习教师在课堂上讲的知识,然后再写作业,这是两个不可颠倒的学习过程。教师和家长在指导儿童完成作业时,一定要强调这一点,并加以检查,让儿童形成良好的学习习惯。

2. 审题

儿童写作业时要仔细审题,即理解题意,明确题目的要求,弄清题目给的条件及各个条件之间的关系,这是解题的首要环节。

3. 解题

解题是学生利用所学的新知识联结已经掌握的知识进而解决问题的思维过程,并在作业本上把问题解决的思路表达出来的过程,亦即书写作业的过程。教师和家长要教育学生做到准确、规范、快速。教师平时要进行系统训练,提倡用简便方法培养学生的心算能力,通过多练达到熟能生巧。

4. 检查作业

写完作业后耐心检查是保证作业质量不可缺少的环节,也是培养学生独立思考能力的重要途径。

5.及时改错

发现作业有错误要及时改正，及时改正作业中的错误，有时甚至比做题本身更有价值。因为出错的地方正是学生知识、能力上的薄弱之处，及时纠正错误，有助于知识的掌握、能力的提高。

6.反思

反思即总结解题思路，利用联想、类比、求异等思维方法，学会举一反三、一题多解、多题一解，不断提高学生的思维能力水平与学习效果。

(五)阅读方法指导

著名教育学家德瑞克·郎特里教授针对如何高效阅读总结出了 SQ3R 阅读策略。该阅读策略共分为以下五个步骤(见图 3-1)。

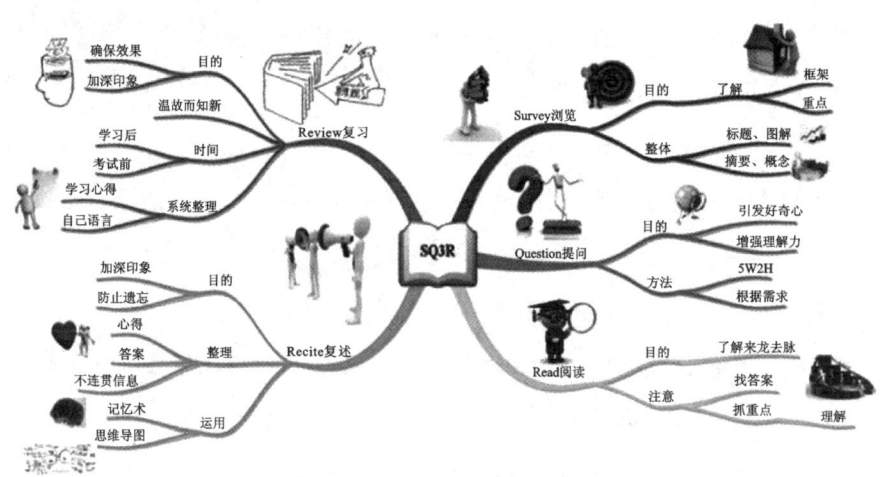

图 3-1　SQ3R 阅读策略(构图：卢菲菲)

1. Survey（浏览）

纵览全书大致了解阅读材料的主要内容，浏览重点为：①封面信息，包括书名、作者、出版社及出版日期；②序言，有助于学生有效地利用这本书；③目录，能使学生从中快速知道这本书主要讲什么内容，确定哪一部分内容是自己感兴趣的；④浏览正文，通读标题和副标题，阅读每章末尾的总结，查看图表，阅读特殊的句子。通过上述信息了解文章的风格和结构，抓住阅读材料中的3～6个核心观点，以便帮助学生在后续阅读中组织自己的观点。

2. Question（提问）

在浏览时，学生可以对值得仔细阅读的内容，提出自己的问题。学生可以通过"标题转换法"提出问题，例如，朱自清的散文《背影》，可以转化成问题"谁的背影?"。这样学生在阅读时就会像挖宝人寻找宝物一样，变得更加积极主动，充满好奇心，具有针对性地探索目标，同时更具批判性和警觉性，成为深层含义的积极追寻者而不是语句的消极吸收者。

3. Read（阅读）

首先阅读第一部分，带着提出的问题仔细阅读全文，不要逐字逐句逐行地读，而是要积极地寻找答案，抓住实质内容，寻求语句背后蕴藏的主题思想，并把作者的思想和自己的体验及逻辑观念进行对比验证。

4. Recite（复述）

读完后，合上书尽量尝试陈述、列举出阅读材料的主要论点，回答上面提出的问题。进行这一步时，最好能够结合使用记笔记法，摘记一些关键词语作为陈述的提示，告诉自己到目前为止书中所述的主要思想是什么，并记下要点能使自己更为有效地掌握内容。完成第一部分的学习后，按照以上三个步骤（Question、Read、Recite）学习后续的章节，直至完成整本书的阅读。

5. Review（复习）

通过复习检查自己对阅读材料的掌握程度。重复一遍上述四个步骤，即浏览每个章节的总体结构，回忆提出的问题，重读全文查看是否复述了所有重点，补充笔记中的遗漏和校正错误。

(六)记笔记策略指导

俗话说,好记性不如烂笔头。研究结果发现,课堂记笔记可以使学生保持注意力的集中与学习兴趣,有利于学生更有效地组织学习材料。众所周知,记笔记的方法有很多种,其中康奈尔笔记法被广为流传,下面我们简单介绍一下康奈尔笔记法(见图 3-2)。

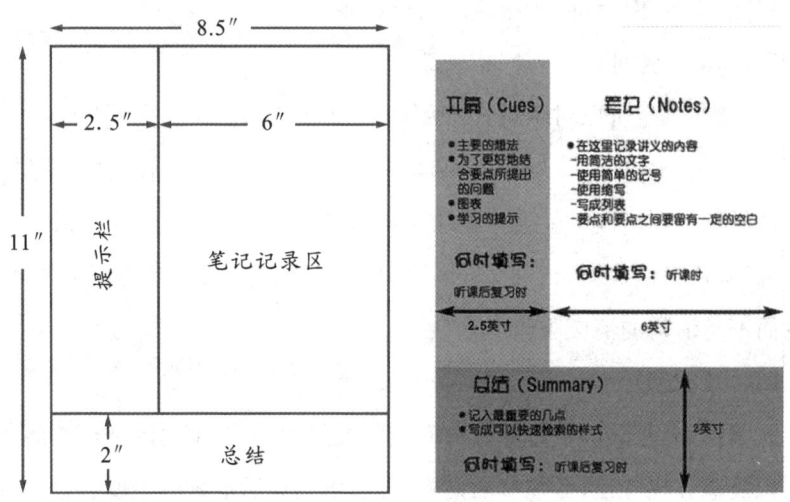

图 3-2　康奈尔笔记法

康奈尔笔记法,又称 5R 笔记法,是用产生这种笔记法的大学校名来命名的。这一记笔记方法几乎适用于一切讲授或阅读课,特别是对于听课笔记,康奈尔笔记法应是最佳选择。这种方法是记与学、思考与运用相结合的有效方法,具体包括以下五个步骤。

1. 记录(Record)

学生在听讲或阅读过程中,在主栏内(将笔记本的一页分为左小右大两部分如图 3-2 所示,左侧为副栏,右侧为主栏)尽量多记有意义的论据、概念等讲课内容,记录中可以使用一些缩写和自己明白的符号代码。

2. 简化(Reduce)

下课后,学生尽可能早地整理笔记(最好不要拖延到第二天),将这些论据、概念用关键词和短语简明扼要地恰当概括(简化),记录在回忆栏,即副栏。听课前,花几分钟时间复习前面的笔记,以便与新讲授的内容建立联系。

3. 复述(Recite)

学生把主栏遮住,只用回忆栏中的摘记提示,尽量完满地叙述课堂上讲过的内容。

4. 反思(Reflect)

学生将自己的听课随感、意见、体会等内容,与讲课内容区分开,写在卡片或笔记本的某一单独部分,加上标题和索引,编制成提纲、摘要,分成类目,并随时归档。

5. 复习(Review)

学生每周花十分钟左右的时间,快速复习笔记,主要是先看回忆栏,适当看主栏,使其对所学知识形成一个相对完整、清晰的认知结构。这种做笔记的方法初用时,可以以一科为例进行训练。在这一科不断熟练的基础上,再用于其他科目。

 **案例**

维特罗克(Wittrock)是美国当代著名的教育心理学家,认知学习理论中生成学习理论的创始人,被认为是"促进学习理论研究,由认知主义转向建构主义"的关键人物之一。维特罗克等人于1978年做了一项实验,实验对象是公立学校六年级的学生,实验组和对照组的学生被要求阅读同样内容的一篇文章,但实验组的学生阅读的材料中每一段落前都有一个段落标题,并且学生在读完每一段落后还要在教师的指导下对内容进行概括,对照组学生阅读的材料则未经这种处理,在阅读过程中也未得到教师指导。

实验研究结果表明,实验组学生对这一材料的理解和记忆成绩高于对照组学生的两倍以上。这说明学生对所学材料各部分内容之间内在关系的建构和学生对所学材料与自己已有的知识经验之间的关系的建构有利于学生对所学内容的理解和掌握。

由此可见,如果学生在学习过程中学会对老师所讲的新知识进行概括,并用简明扼要的关键词标注出来,如利用康奈尔笔记法,那么将有利于增强学生的学习效果。

问题与思考

如果您是其中一位孩子的老师或家长,通过对维特罗克等人研究结果的了解,您认为这对孩子学习的方法带来了何种启示?

五、提升儿童的学习能力

能力,是人们表现出来的解决问题可能性的个性心理特征,它是顺利完成某种活动的必要条件。它能直接影响活动的效率,是活动顺利完成的最重要因素。那么,什么是学习能力呢?简单地说,学习能力就是怎样学习的能力,是在环境和教育的影响下形成的、概括化了的经验,是21世纪人才的重要标志之一,是人的能力非常重要的一部分。一般来说,学习能力是指人们在正式学习或非正式学习环境下,自我求知、做事、发展的能力,是在多种基本活动中表现出来的能力,如观察力、记忆力、抽象概括能力、注意力、理解能力等。它直接决定了人在进行学习活动时的成效,决定了学习活动的成功概率。评价学生学习能力的指标一般可分为:学习专注力、学习成就感、自信心、思维灵活度、独立性和反思力。学习能力的表现可以分为6种"多元才能"(知识整合能力、社交能力、心理素质、团队合作、理财能力、策划与决策能力)和12种"核心能力"(注意力、观察力、记忆力、思维力、想象力、创造力、理解力、语言表达、操作能力、运算能力、听觉能力、视觉能力)两大方面。因而,要培养儿童的学习能力,就应该对儿童在6种"多元才能"与12种"核心能力"方面实施有效的提升,让其终身受益并可持续发展,帮助其实现平凡—优秀—卓越的人生跨越。下面我们将从培养儿童学习能力的五个关键因素着手,逐一谈谈提升儿童学习能力的方法,即如何培养儿童的注意力、观察力、思维能力、想象力以及创造力。

(一)培养儿童的注意力

注意是心理活动对一定事物的指向和集中,它分为无意注意(不随意注意)和有意注意(随意注意)两种类型。儿童的注意力水平高低,即定心专注某件事,是造成儿童学习差异的重要原因。经过长期观察后发现,能否定心专注于一件事,是造成儿童学习差异的重要原因,成绩优秀的学生,大多能专注于某一件事。通过与学生家长沟通,了解他们在家的表现发现,成绩优异者在家里做事目标明确,有条不紊,能在固定的时间内完成作业,并且在做作业时往往能一坐几个小时不受外界干扰,直至完成。而学习困难的学生则无论是家长盯还是请家教,都不能让他们认真地、安静地做事情。所以做任何事情,专注都是成功的基础。家长们一定要知道,在陪伴孩子成长的过程中,身教重于言教,如果父母做事虎头蛇尾、言而无信,就不要指望孩子能养成专注的好习惯了。因而,父母平时就要培养孩子把一件事从头做到尾的习惯。不同的孩子可用不同的方式,有的适合激励,有的适合严格要求,不管用什么方式,都要长期坚持,培养孩子专注的好习惯。首先,家长和教师要善于发展儿童的有意注意:①使儿童明确学习目的,清楚自己要做什么;②培养儿童的学习兴趣,激发他们的学习动机;③培养儿童养成良好的注意习惯,让其做一些集中注意力的训练;④加强师生间的双向沟通,教师要时刻关注学生的学习状态,注意学生的反应,了解他们的要求,进而调整自己的教学方式。其次,教师要正确运用无意注意的规律组织教学活动:①巧妙运用引起学生无意注意的主要因素——刺激物的新颖性(未感知过的)、强度(阅览室的翻书声)和运动变化等;②遵循注意的规律并配之以各项有效的措施——注意新旧知识的必然联结,利用适宜的教具、清晰的板书、生动的语言和适当的表情及手势,克服呆板僵化的教学模式,讲求变化性以及防止与教学无关的刺激对学生注意力的干扰等。除此之外,还要善于运用相互转换的规律,使学生始终保持旺盛的精力,积极地投入关注而不疲劳。[①]

(二)培养儿童的观察力

观察是一种有目的、有计划且比较持久的知觉过程,是知觉的高级形态。那么,什么是观察力? 简单地说,就是观察的能力。观察力的发展是建立在感知觉的基础之上,并且与注意力、思维力密切联系。影响儿童观察力水平的因素主要源于以下两个方面:①儿童的生活经验会影响儿童的观察力水平。如果儿童观察的内容接近于他们的生活经验,能被他们理解,便表现出较高的观察水平;反之,便表现出较低的观察水平。②教师或成年人的言语指导会影响儿童的观察力水平。例如,教师或成年人提问的内容会影响儿童的观察倾向,假如,老师问学生:"……有什么?"学生的答案便倾向于列举;假如妈妈问孩子:"……是什么?"孩子的答案便倾向于说明;假如问孩子:"做什么?"那么孩子的答案便倾向于解释。

由此可见,儿童的观察力水平的发展与他们自身的生活经验、接受的教育与学习活动以及身边成年人的直接指导有密切的关系。下面我们谈一谈培养儿童观察力的主要方法:①丰富儿童的生活经验,使儿童具有知识准备;②使儿童明白

---

① 李晓东.小学生心理学[M].北京:人民教育出版社,2003.

观察的目的与任务；③翔实设计观察计划，逐步执行；④训练儿童学会运用视觉、听觉、嗅觉等多种感官相结合的观察技能，即观其形、辨其色、闻其声、触其体、嗅其味；⑤严格要求儿童养成写观察记录的习惯，保存观察结果；⑥通过对观察结果进行反复思考，发现新问题，并与原有知识建立连接，产生新知识；⑦培养儿童的观察兴趣，帮助儿童养成良好的观察习惯，并持之以恒。

(三)培养儿童的思维能力

思维是客观事物在人脑中的概括和间接反映，是智力的核心成分。儿童思维的发展过程经历了三个阶段：第一个阶段是两岁左右儿童的直观行动思维，主要是协调感知和行动，在接触外界事物时产生直观行动的初步概括；第二个阶段是两至七岁儿童的具体形象思维；第三个阶段是七岁以后儿童的抽象逻辑思维，此时，儿童能够逐渐地概括客观事物的本质和规律，并利用其指导实践，即逐渐表现出抽象逻辑思维的特征。儿童思维的基本过程主要是分析和综合，以及它所派生的抽象、概括、比较、分类、具体化和系统化。衡量儿童思维水平高低的主要标志是思维品质，它是个体思维活动的智力特征，也是个体思维差异的表现。思维品质具有广阔性与深刻性、灵活性与独创性、批判性与敏捷性等。林崇德教授曾紧密结合学科教学对小学生进行思维品质的培养与训练。

实验结果表明，小学生的四种思维品质在实验组和控制组之间存在着显著的差异，运算思维活动的敏捷性、灵活性、深刻性和独创性是可以通过培养而提高的。由此可见，儿童思维品质的培养是通过具体教学和学习技能训练进行的。具体做法如下。

1. 丰富儿童的感性知识

家长和教师要让儿童参加社会实践学习活动，参加力所能及的田园活动（如拔木薯），使儿童不但耳闻目睹，并且亲自动手，这就可以获得多方面的知识，如木薯的特性、用途以及如何拔出来等相关的知识。教师便可以在这些感性材料的基础上，抽象出木薯的定义和属性。

2.发展儿童的言语

言语是思维的物质外壳,是思维的武器和工具。教师可以通过语文教学,引导儿童多读课外读物、参加讲演会与辩论会等发展儿童的言语。例如,教师要求学生在默读一篇课文后,写出课文的段落大意、主题思想等。这些方法,对发展学生的言语,尤其是发展学生的内部言语,都是很有用处的。

3.从提问儿童问题入手

思维是从发现问题开始的,儿童提问表明儿童要探索事物的关系,展开积极的思维活动。所以说,提问是儿童思维的表现形式,也是儿童逻辑思维的开端。

(四)培养儿童的想象力

我们知道,想象是人脑对已存的表象进行加工改造,创造出新形象的过程,是一种高级的复杂的认识活动。想象力是指人在过去认识的基础上,构成没有经历的事物和形象的能力。想象力在人的判断、认识方面起着不容忽视的作用,是人类创新的源泉。因为有了想象力,我们才能创造发明,发现新的事物定律。如果没有想象力,人类将不会有任何发展与进步。爱因斯坦之所以能提出相对论,就是因为他能经常保持童真的想象力。牛顿能从苹果落地而得出万有引力这一科学的重大定律都是因为有了想象力。

那么,如何培养儿童的想象力呢?我们借鉴美国优秀教师艾伦·汉斯克维兹的观点以及相关的教育心理学理论,谈一谈培养儿童想象力的具体做法。

培养儿童的想象力应从以下几个方面入手:①多途径多渠道开发儿童的想象力。艾伦认为,启发和引导的途径是多种多样的。最好是给儿童一个可以明确解决的问题,慢慢加以启发和鼓励。②改变固有的思路。想象力最大的敌人是接受现实,一成不变。③从小事入手,脚踏实地。艾伦认为儿童要从点点滴滴的小事入手,脚踏实地。家长和教师要引导他们从木制刀具联想到双面刀具,然后为增加刀具的多用性而大胆创新。④多接触新事物。多接触新鲜事物是开发智力和想象力的最佳途径。一个没有接触到新鲜事物的人难免因循守旧,缺乏独特的思维和见解,要让想象力在幼小的心田里驰骋必须有广博的知识作为基础,积累的经验越多,解决问题的思路就越广。⑤不要对儿童最初的想象力品头论足。动不动就告诉儿童什么是好主意什么是坏主意,不是一种积极培养他们独立思维的好方式。儿童主意的好坏并不能仅以常人眼光来看待,家长要懂得好事多磨的道理,给孩子一定的空间和时间,否则,会伤到他们的自尊。⑥对儿童的作品多提问题。提问可以激发他们的想象力,给他们的想象发出必要的挑战。比如问孩子为什么要那样画树? 也许他们从来就没有真正地观察过树,那以后他们就会画出有细小枝条的树。⑦玩新玩具不如创造新玩法。创造新事物固然重要,但有时创造一些已存在的东西,也可以刺激他们的想象力。⑧不要吹捧儿童。避免对儿童的想象力夸大其词,把小小的改进说成天才的变革。在鼓励儿童时,最重要的是鼓励他们的进步,而不是对他们进行吹捧。⑨始终保持开放的思想。要经常积极主动地寻找更多、更有创造价值的途径,想象力会使你不断增长新知识。⑩重要的是创造过程而不是创造结果。鼓励儿童对创造过程进行理解,而不是片面地强调作品的价值。

所以,我们需要留给儿童继续挖掘创造性思维的空间,给他们提供自由思想的氛围,使他们不断地前行探索,发挥自己的想象力,获取更多优秀作品。

(五)培养儿童的创造力

创造力是指根据一定目的,动用一切已知信息,产生出某种新颖的、独特的、有社会价值的或个人价值的产品的能力。这里的产品是指某种形式的思维成果,它既可以是一种新概念、新设想、新理论,也可以是一项新技术、新工艺、新产品。[①] 那么,如何培养儿童的创造力呢? 为激发儿童创造性学习,托兰斯提出了有助于教师进行针对性教学的几种方式:①设计不完全或无结果的问题式情景,使儿童有积极思考、大胆设想、推陈出新、继续探索的可能;②让儿童自编故事,自

---

① 李晓东.小学生心理学[M].北京:人民教育出版社,2003.

设问题，并自行想象、解决，给他们提供锻炼思维的机会；③使儿童大胆提问，不仅向教师提问，并且要鼓励儿童互相问答，激发儿童对问题的主动探索，以达到相互激发的目的。

霍尔曼(Hallman)也总结了创造型教师的教学技巧，列举了以下有利于培养儿童创造力的方法：①培养儿童主动学习的热情和方法。注重启发儿童的思维，鼓励他们自己去发现问题、提出假设并亲自实践，即培养儿童主动探索、自我创造的意识。②放弃权威态度。营造相互协作、相互支持、相对自由的良好气氛，使集体创造力得到最大程度的发挥。③推迟判断。给儿童足够的时间进行思考，而不急于向其提示解决问题的方法。④促进儿童思维的灵活性。帮助儿童学会从不同的角度看待、分析和理解问题，而不墨守成规。⑤鼓励儿童独立进行评价，用自己的标准对他人的想法、观点及得到的结果进行评价。独立评价能力的发展有利于创造性的发挥。⑥重视培养儿童的挫折耐受力，这是进行创造性活动不可缺少的心理品质。

除此之外，研究者还发现，儿童的创造力除了在他们各科学习活动中得以表现和发展外，同时，具有知识性、科学性、实践性、灵活性、趣味性等特点的课外活动通常能使儿童的爱好、兴趣、才能、个性得到充分的发展，给儿童创造力的发展提供良好的环境条件，尤其是创造性科技发明活动是儿童创造力发展的重要途径。例如，美国有许多科学文化设施供儿童参观、学习或活动，以激发他们对科学知识的探索兴趣。日本中小学特别强调自立能力的培养，普遍重视课外活动，让学生走向自然，在系列的观察和思考中，发展他们的创造性想象力和思维能力，笔者近四年来每年带着实验班的学生走出校园，走进大自然，进行为期五天的社会实践活动以及一至两周的省内外游学活动。带领学生亲近大自然，激发他们对万物生灵的好奇心；带领他们踏上水坝与沙滩，认识水和风的力量——发电；带领他们走进核电站，探索科学的奥秘；带领他们参观博物馆，畅游祖国的历史长河……笔者深切地感受到，课外实践教育活动对培养儿童的创造力具有重要的意义。

综上所述,我们要提升儿童的学习能力,一定要从培养儿童学习能力的五个关键因素着手去做,即培养儿童的注意力、观察力、思维能力、想象力以及创造力。

案 例

有一位语文老师为了让学生写好以"春天"为题目的作文,先组织学生"忆春天";然后在初春时,带学生"找春天"——冰雪开始融化,树枝和小草开始发芽;再过几周,带学生"看春天"——冰河完全融化,碧波荡漾,鸟语花香,田野里人们开始播种;最后回来"写春天"。这样有计划的训练,大大地促进了学生的观察力和写作能力。[①]

 **问题与思考** ●

如果您是一位老师或家长,这个案例在孩子观察力的培养方面给您带来了何种启示?

---

① 吕静.小学心理学[M].北京:教育科学出版社,1989.

六、关注儿童的学业情绪

学业情绪是指在教学或学习过程中,与儿童学业活动相关的各种情绪体验,包括高兴、厌倦、失望、焦虑、气愤等。值得注意的是,学业情绪不仅指儿童在获悉学业成功或失败后体验到的各种情绪,还包括儿童在课堂学习中的情绪体验、在日常做作业过程中的情绪体验以及在考试期间的情绪体验等。学业情绪与成就动机、归因、自我效能感有着密切的联系,良好的学业情绪不仅有助于儿童认知活动的开展和主动学习态度的培养,并且有助于建立良好的师生关系,促进儿童身心健康发展。我们将分别从家庭方面、学校方面以及儿童自身三个方面谈谈如何关注儿童的学业情绪及应采取的正确做法。

(一)家庭方面

研究结果表明,儿童的家长对其学业的期望以及支持都与儿童的学业情绪显著相关。所以,在家庭方面,家长要关注孩子的心理情绪变化,需要做到以下几点:①多与孩子沟通。一旦发现孩子在学习上,或是生活上遇到困难或是不开心的事情,要及时进行学习上的帮助,或是心理上的疏导,使孩子尽快从学习困难或是情绪困扰中走出来,保持良好的心态。②学会宽容孩子。人非圣贤,孰能无过?儿童在成长、学习的过程中犯错误或是偶尔没有取得好成绩,都属于儿童成长期的正常情况。所以,家长不应该动怒,而应该宽容地对待孩子的小错误或是差成绩,做好对他们的正向引导工作,使孩子敢于坦然面对自己的不足之处,勇于担当并寻找原因加以改正。这样既能培养孩子自信的心理品质,又能避免他们因此而产生"害怕"的负面心理。③学会鼓励孩子。在家里,家长不要强迫孩子学习,而

应通过鼓励的方式引导孩子以愉悦的心情学习。例如，通过激发孩子的学习兴趣，经常给孩子成功的体验，使孩子尝到成功的滋味，从而爱上学习，将"要我学"变成"我要学"。

（二）学校方面

国内外的研究结果表明，学校的课堂教学质量、教师对学生学业的期望、班级整体的学习水平、教师的热心、班级竞争与合作气氛、教师反馈、互动学习以及同伴的支持，都能影响学生的学业情绪。例如 Assor，Kaplan，Kanat-Maymon 和 Roth（2005）控制教师教学行为的实验研究发现，教师的消极教学行为，如对失败的惩罚、不允许学生有独立的观点等可以引发学生的愤怒和焦虑情绪。

由此可见，在学校方面教师要关注学生的学业情绪变化，需要做到以下几点：①温暖学生的心里。教师对学生说话时言语要和蔼和亲、热情、具有亲和力，给学生创造一个良好的印象，让他们感受到教师给予的温暖情感，喜欢上教师和学校。②倾听学生的心声。教师一定要走进学生的心理，倾听他们的心声，关注他们的心理变化，做他们人生成长道路上的知心朋友。③维护学生的心理。教师是学生心理健康的积极维护者，应该极力在师生之间创设民主、平等、积极合作的氛围，以及学生之间的和谐交往的心理氛围。④传递学生的学习情况。教师要多与家长交流、沟通，告知家长学生在校的真实情况。请家长多多关注、监督儿童，做到家校紧密联合，为儿童的学习与成长起到积极的"助力"作用。

（三）儿童自身方面

我们将借鉴国内外的相关研究成果，分别从儿童的自我认知、成就目标以及认知能力三个因素着手深入分析，探究它们对儿童学业情绪的影响。

1. 儿童的自我认知

儿童的自我认知会对其学业情绪产生很大的影响。Weiner（1985）对情绪的归因研究发现，对成功的内部归因与对成绩相关的积极情绪有正向的预测作用。Rhodewalt 和 Morf（1998）的研究发现，儿童愤怒的情绪可能源于他们对学习任务的挫败感。Abela 和 Seligman（2000）还发现，消极的自我概念、负向的成就预期以及不良的归因方式与儿童考试焦虑和失望情绪正相关。在这些研究的基础上，Pekrun 等人提出控制-价值评估模型，探索儿童学业情绪的影响因素（Pekrun，Gortz，Titz，Raymond，2002）。在这个理论模型中，Pekrun 等人指出，儿童对学习任务的控制和价值的评估是学业情绪的主要来源，学习任务的评估是儿童对自己能否完成学习任务、掌握学习材料的评估，其相关因素包括自我效能感、归因方式、成就预期。价值评估则是儿童对学习任务重要性和有用性的评估，由过程评估和结果评估两部分组成。只有当儿童对学习任务很感兴趣，认为自己有能力达到学习目标并且认为所学的东西很有价值的时候，才会产生高兴这种积极高唤醒的情绪。他们所做的横向和纵向的研究也确实发现自我效能感、对学习任务的控制以及对学习和成就的价值评估与学业情绪显著相关。Perry，Hladkyj，Pekrun 和 Pelletier（2001）对 524 名学生的研究结果发现，学业控制能力强的学生表现出更少的厌倦和焦虑情绪，并且更加自信。

以上研究表明，儿童对学习任务的挫败感、消极的自我概念、负向的成就预期、不良的归因方式、低学业自我效能感以及对学习和成就价值的低评估等会使儿童产生消极的学业情绪，反之，则会产生积极的学业情绪。

2. 儿童的成就目标

成就目标也是儿童学业情绪的一个重要的影响因素，它为儿童如何理解他们后来取得的成绩提供了一个认知背景，不同的成就目标会引发不同的学业情绪。Daniels 等人对成就目标的一项纵向研究发现，那些追求高掌握目标和同时追求高掌握高成绩目标的儿童都体验到了更多的高兴情绪，表现出了较少的厌倦情绪。而追求高成绩目标的学生比追求高掌握目标的学生体验到更多的焦虑情绪，但在焦虑维度上与追求高掌握高成绩目标的学生之间无显著差异（Daniels，Haynes，Stupnisky，Perry，Newall，Pekrun，2008）。这项研究表明，儿童的成就目标与学业情绪有着密切的关系。

3. 儿童的认知能力

Goetz，Preckel，Pekrun 和 Hall（2007）考察了数学考试情境中儿童的学业情绪。他们在考试前、考试过程中和考试后都对儿童的情绪进行了测量，问卷对每种情绪只设置一个条目，这样是为了最大程度地减少测量对考试成绩的影响。结果发现，逻辑推理水平不同的儿童体验到不同的学业情绪。高水平儿童体验到最多的情绪是高兴，低水平儿童表现出更多的焦虑和愤怒情绪，而中等水平儿童则表现出最多的厌倦情绪。这是因为，对于这些中等水平的儿童来说，他们的逻辑推理能力和学业成绩既没有低到让他们产生焦虑和愤怒的情绪，也没有达到让他们感到高兴的水平，所以他们就体验到了相对过多的厌倦情绪。这项研究表明，儿童的认知能力与学业情绪也有着密切的关系。

综上所述，我们发现儿童自身的能力水平、归因方式、自我效能感、成就目标等因素之间是相互联系、相互影响的，这些因素影响儿童的学业情绪，儿童的学业情绪反过来也会影响其归因方式、自我效能感以及成就目标的设定。

 **案例**

美国的学习困难教育家塞西尔·默瑟曾在一次家长会上做了这样一个实验：让在场的每个人做一个智力测验题，测验的内容是把一只鸡、一只狐狸和一袋鸡饲料运到湖对面去。题目经过精心设计，使这一问题变成不可能完成的任务。

在经过一两分钟后，很多人很沮丧，开始偷看他人的答案，并表现出焦躁，想要离开。这样的情形恰恰就像那些有学习问题的儿童经常面临的情形一样，我们给他们的任务要么太难，要么在实践上行不通。由此可知，无论是成年人还是儿童，当给予他们不恰当的任务时，他们都会表现出负面情绪或是逃避。

当今教育中存在一个突出的问题就是教学目标不当。学校在教育教学中经常忽视儿童的个体差异,教学目标过于强调整齐划一,造成一些学习速度较慢、学习能力发展暂时落后的儿童无法达到老师的教学目标。在学校的教学评价体系中,过分强调考试结果,以升学为目的的教学目标往往使教学难度大,教学方法不合理,这使儿童很难达到教学要求,从而造成他们的学习困难。

 **问题与思考** ●

如果您是一位家长或是老师,看了这个案例后,在对孩子的教育方面给您带来了何种启示?

七、学会对儿童进行赏识教育

什么是赏识教育呢?赏识教育是指赏识儿童的行为结果,以强化儿童的行为;赏识儿童的行为过程,以激发儿童的兴趣和动机;创造环境,以指明儿童的发展方向;适当提醒,增强儿童的心理体验、纠正儿童的不良行为。"承认差异、允许失败、用爱鼓励儿童"贯穿赏识教育的始终,它与教育家陶行知的教育思想是一脉相承的。赏识教育是爱的教育,是充满人情味、富有生命力的教育。

研究结果表明,在教学过程中对儿童进行及时有效的评价会影响儿童的学习效果。赫洛克(Hunloek)曾把106名四、五年级的学生分成4个小组,在4种不同诱因的情况下让他们进行加法练习,每天15分钟,共进行5天(见图3-3)。

第一组为受表扬组,每次练习后对其行为结果给予表扬和鼓励;第二组为受训斥组,每次练习后,对其行为结果严加训斥;第三组为观察组,每次练习后,对其

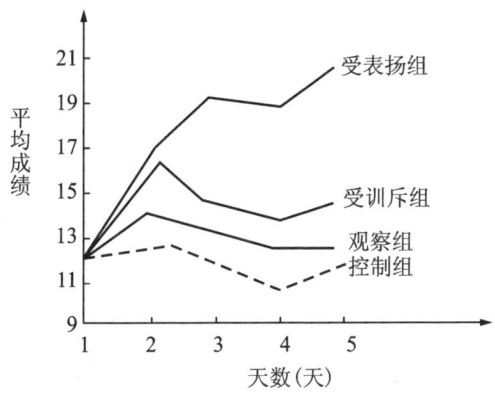

图3-3 四组学生学习的平均成绩

行为结果既不给予表扬,也不给予批评,完全不注意他们,只让其静听其他两组受表扬和挨批评;第四组为控制组,让他们与另外三组儿童隔离,单独练习,对其行为结果不给予任何评价。

根据儿童学习的平均成绩来看,三个实验组的成绩均优于控制组,受表扬组与受训斥组的成绩又明显优于观察组,而受表扬组的成绩不断上升。这表明对学习结果进行评价,能强化学习动机,对学习起促进作用。适当表扬的效果明显优于批评,而批评的效果比没有评价好。教师应该在掌握目标导向的原则下使用表扬与批评、奖励与惩罚。尽管在一定的情形中,适度的批评和惩罚对促进学习是有效的。但是,一般来说表扬、鼓励、奖励要比批评、指责、惩罚更能有效激发学习动机。由此可见,对儿童进行赏识教育能强化儿童的学习动机,有利于提升儿童的学习效果,对学习起促进作用。

在实践教学中,虽然很难做到所有儿童的所有进步都受到肯定、表扬和鼓励,使之体验成功,产生高自我效能感。但是,只奖励少数儿童的课堂是不能激发大多数儿童的,尤其是低成就和力求避免失败的儿童,对他们来说,教师对表扬和奖励的"吝啬"只有副作用。假如一个人的学习状况从来受不到教师的肯定、关注、表扬,尤其是对未成年人来说,失去学习的动力就不足为怪了。但是,这并不意味着教师的表扬和奖励可以滥用。对儿童进步的认可,除了要有普遍性外,还要有针对性。任何对儿童的批评和表扬都应让儿童感到是有理有据的,是对自己努力和能力的肯定。

因此,对儿童进行赏识教育时要把握好这些操作原则:信任、尊重、激励、理解、宽容、提醒、关怀、及时肯定。期望通过赏识教育能够有益于保护儿童成长的天赋,激发儿童内心的潜力,把成长的快乐还给儿童。

 **案 例**

古人云:"别人的庄稼打一旦,你的庄稼没见面。"虽然言语简单,却明示后人一个种庄稼的道理:"没有种不好的庄稼,只有不会种庄稼的农民。"在育儿的问题上,我们也提出了"没有教不好的孩子,只有不会教的教师。"众所周知,庄稼人怎样对待庄稼,决定了庄稼的命运;同样,教师怎样对待孩子,也会决定孩子的一生。庄稼人希望庄稼快快成长的心情和教师希望孩子早日成才的心情完全一样,但做法却截然不同。庄稼长势不好时,庄稼人从不埋怨庄稼,相反,总是从自己身上找原因;而孩子学习成绩不好时,教师更多的却是抱怨和指责,很少反思自己的问题。

 **问题与思考** ●

如果您是一位孩子的家长或是老师,您读过这个案例后,对育儿有何感想?

八、强化儿童学习的自信心

自信心是一种反映个体对自己是否有能力成功地完成某项活动的信任程度的心理特性，是一种积极、有效地表达自我价值、自我尊重、自我理解的意识特征和心理状态，也称为信心。自信心同样是在对自己的自我肯定和充分估计的基础上，相信自己力量的一种心理状态。班杜拉（Bandura）在社会学习理论中提出的自我效能感概念是与自信心最接近的概念。自我效能感指个体对自身是否有能力完成某一行为所进行的推测与判断。班杜拉认为，自我效能感关心的不是个体拥有什么技能，而是个体用其拥有的技能能够做些什么。班杜拉指出，在某一情境下，决定自我效能感的四个主要因素有：①行为成就。效能期望主要取决于过去发生了什么，以前的成功导致高的效能期望，而以前的失败导致低的效能期望。②替代经验。观察他人的成败，可以产生与自己的成败相似的影响。③言语劝说。当你尊敬的人强烈地认为你有能力成功地应付某一情境时，自我效能感能够提高。④情感唤起。高水平的情感唤起会导致个体经历焦虑与紧张，并降低自我效能感。

自信是一个人成长与成才不可缺少的一种心理品质，是生活中获得成功和快乐的重要因素。当一个人拥有自信心之后，原本不能轻易解决的问题也能在不经意间迎刃而解，体会成功的滋味；反之，原本有能力可以做到的事情会因自信心的缺乏而使自己退缩不前。班杜拉说过："人总是按照自己对自己的估计、自己头脑中的自我形象去行动的，主体丧失了自信心，也就丧失了前进的力量。"下面，我们一起来看一个心理学实验。

1975 年,美国心理学家塞里格曼用小狗做过一个实验,他把小狗分为两组,一组为实验组,一组为对照组。塞里格曼先把实验组的小狗放进一个笼子里,这个笼子很结实,小狗们无法逃脱,笼子里面还装有电击装置。如果给小狗施加电击,电击的强度能够引起小狗的痛苦,但不会伤害它们的身体。塞里格曼发现,小狗在一开始被电击时,会拼命挣扎,想逃脱笼子,但经过再三的努力后,发现仍然无法逃脱,它们挣扎的程度逐渐降低了。随后,塞里格曼找来第二个笼子,这个笼子由两部分构成,中间用隔板隔开,隔板的高度是小狗可以轻易跳过去的。隔板的一边有电击,另一边没有电击。当把经过前面实验的小狗放进这个笼子时,塞里格曼发现它们除了在开始的半分钟惊恐一阵子之外,此后一直卧倒在地接受电击的痛苦,那么容易逃脱的环境,它们连试也不去试一下。而把那些没有经历第一个程序实验的小狗直接放进后一个笼子里,却发现它们全部能逃脱电击之苦,轻而易举地从有电击的一边跳到安全的另一边。

心理学家随后证明了这种现象在人类身上也会发生。如果一个人觉察到自己的行为不可能达到特定的目标,或没有成功的可能性时,就会产生一种无能为力或自暴自弃的心理状态,具体表现为认知缺失、动机水平下降、情绪不适应等心理现象。当然,人有主观能动性,能够对客观环境和主体因素进行分析,对自己行为失败的结果进行归因。当一个人将不可控制的消极事件或失败结果归因于自身的智力、能力的时候,一种弥散的、无助的和抑郁的状态就会出现,自我评价就会降低,动机也减弱到最低水平,无助感也由此产生。由此可见,当一名学习困难的儿童极度丧失自信的时候,他会在学习上感到极端的无助,甚至感到无论自己怎么努力也无法改变目前的学习困境,产生无能为力的心理状态和行为,于是便不会再尝试努力学习。

综上所述,要解决学习困难儿童的心理问题,一定要从强化儿童学习的自信心入手,具体方法如下。

(一)避免消极评价

教育研究者发现,绝大多数儿童对新学科都充满兴趣,也愿意去探求原因、总

结规律。但在一段时间之后，当他们发现自己不能顺利完成学习任务、又经常受到教师或同学的批评和嘲笑时，便会产生焦虑情绪，对学习这门学科或参加该项活动怀有恐惧心理。倘若有人监督，就显得格外不自信和焦虑不安，甚至会使一些力所能及的学习任务也不能顺利完成。在屡遭教师或同学的消极评价，经历一系列挫折、失败后，他们开始相信自己缺少取得成功的能力，不愿再为完成任务付出认真的努力，久而久之，就会患上习得性无助"疾病"。另外，来自家长的消极评价也不容忽视。多数家长对儿童在校成绩的格外关注，让那些学习成绩欠佳的儿童压力增加，特别是有一些家长对孩子的小小失败横加指责，且不容孩子辩解。长此以往，儿童就会觉得学习缺少精神支援，最终放弃学习。由此可见，消极评价是儿童习得性无助行为产生的主要因素之一。所以，在此特别要求教师和家长要学会正确引导孩子，找出问题产生的原因所在，帮助孩子解决困扰他们的问题，而不是盲目地指责、批评孩子的学习成绩不好。

（二）了解儿童的内部需要

作家拉·封丹写过这样一则寓言故事：北风和南风比威力，看谁能把行人身上的大衣脱掉。北风首先来一个冷风凛凛、寒冷刺骨，结果行人为了抵御北风的侵袭，便把大衣裹得紧紧的。南风则徐徐吹动，顿时风和日丽，行人觉得很暖和，所以开始解开纽扣，继而脱掉大衣。结果很明显，南风获得了胜利。拉·封丹这则寓意深刻的寓言后来成为社会心理学的一个概念，被称为"南风效应"，也称为"南风法则"或"温暖法则"等。从这则寓言故事中我们不难发现，南风之所以能达到目的，只是因其顺应了人的内在需要，使人的行为变为自觉。那么，我们在面对学习上有困难的儿童时，应该怎样应用"温暖法则"呢？首先，家长和教师要"以学生为本"，了解孩子的心理发展特点和内在需要；其次，在寓言故事"温暖胜于严寒"的启示下，采取符合孩子实际需要的人性化教育方式与正确的方法，在情感上尊重、关心孩子，在行为上激励孩子，在缺点上容忍孩子，客观、理智、科学地处理儿童在学习与成长过程中出现的各种问题。期望家长和教师能够成为儿童成长

道路上的良师益友,成为儿童阳光心理的维护者,成为儿童解决问题的帮助者。

(三)发现儿童的闪光点

著名的德国哲学家莱布尼茨曾经说过:"没有两片完全相同的树叶,世界上没有性格完全相同的人。"所以说,每个儿童都是一颗珍珠,他们有着不同的形态,散发出来的是不同的光芒。那么,家长和教师就要用不同的方式去对待孩子们,学会欣赏他们,对他们进行多元化评价,发现他们身上的闪光点,强化他们的自信心。例如,有一位班主任发现在他的班里有一位学生,头脑聪慧,对新鲜事物和世界充满了好奇,并且接受能力很强,一般的新知识他很快就能学会,小小年纪就能熟读《唐诗三百首》,是个小才子。但是,这个学生却做出了一些让老师大吃一惊的事情,因为他身体不是很好,老师没有让他参加学校大型运动会的团体操演出,他便把班级后面放置电脑插座的连线弄坏了。除此之外,还经常仗着自己的聪明不完成作业,有时早上早早地坐了校车来学校,但是直到上课的时候,才看见他背着书包"姗姗来迟",对待班主任的告诫,他也不以为然。于是,班主任试着每天中午让他留下来,帮几个学习成绩稍差的学生补课,并且,还在班上特别表扬了他助人为乐的做法,尤其强调他能够放弃中午休息的时间,主动帮助成绩落后的同学,并表明他的行为非常值得班上的同学学习,如果班上的同学都能互相帮助、互相赶超,那么,同学们的成绩一定会进步很快。结果,奇迹般的效果达到了,这位学生从学期中期那种低迷的状态转变了过来,他变得开朗了,而且懂得了如何在遵守学校和班级规则的情况下更好地生活和学习,还代表自己的班级在全校的元旦音乐会上展示了才华,优美的少数民族乐器——巴乌的吹奏,博得了全校同学热烈的掌声。期末考试结束后,他的成绩又取得了全年级第二名的好成绩。

由此可见,家长和教师在评价学生的学习成绩时,一定要注意控制自己的言行,以客观、关心、鼓励和帮助的态度对待儿童,不应只注重与其他儿童的横向比较,而应关注儿童自身的进步,对他们的积极行为、平时的努力和自身学习过程中的进步要做出及时的反馈,使孩子感到自己是有力量的、是有能力的,以及在有些方面是优秀的。这样,就为儿童形成良好的自控信念奠定了坚实的基础,于是,儿童的自信心得以提高,并且可以正确地面对失败与挫折。

(四)实施榜样激励

美国当代著名心理学家、社会认知理论的建立者、原斯坦福大学心理系系主任阿尔伯特·班杜拉教授,提出了替代强化的概念。替代强化是指学习者因看到榜样的行为受强化而使自己间接地受到强化。一般来说,学习者如果看到他人成功的行为受到奖励,就会增强产生同样行为的倾向。例如,有一位初中学生,名叫小军,因为乐于帮助他人而获得了"德育标兵"的称号,随后,他所在的班级就形成了一股助人为乐的班风。这是为什么呢? 因为班里的同学们观察到小军帮助他人的行为受到了教师和学校领导的表扬和奖励,这种行为结果增强了班里同学产生同样行为的心理倾向,所以班里的同学就都产生了助人为乐的行为倾向。

由此可见,对榜样行为的正强化可以转化为学习者自身的学习动机。那么,对于在学习上遇到某一门学科学习困难的儿童,可以通过强化该学科学习好的同学的榜样行为激发学习困难儿童的学习动机,使他们获得学习好这门学科的勇气与信心,帮助他们走出学习的困境。因此,教师和家长要给孩子树立一个好的学习榜样,通过榜样的行为来影响、激励孩子,重塑他们的自信心。

(五)让儿童经历成功的体验

俄国著名生理学家伊万·彼德罗维奇·巴甫洛夫的研究发现,当我们的环境出现新异刺激时,人们就会暂时停止正在进行的活动,把注意力转向这个新异刺激,即探究反射。这种对新异刺激进行反应的倾向,巴甫洛夫称之为人类的原始学习需要。现代生理学和心理学的相关研究结果表明,一个健康的人生来就具有这种生物学本能,即原始的学习需要。由此可见,我们每个人在内心深处都有一种自主学习的心理需要与倾向,不同的人表现出来的学习需要强烈程度不同,但却是每个人都需要的。也就是说,一个因为遇到学习困难而表现出不想学习的儿童,在他的内心深处仍然具有这种原始学习的心理需要与倾向,只是需要给他一个外力的激活,才可使他重现学习的热情与积极的学习行为,即经历成功的愉悦体验,收获成就感(成就感是指一个人做完一件事情或者做一件事情时,为自己所做的事情感到愉快或成功的感觉)。成就感能增强儿童在学习、生活中的自信心、进取心,使他们能够积极主动地迎接学习困难的挑战。要使儿童经历成功的体验,收获成就感,在确定学习目标时就不能太大、太高。学习目标要具体可操作,这样,儿童就能在计划时间内顺利、高效地完成设定的学习目标,同时又能产生新的成就感。那么,应该怎样为学习困难的儿童设定有效的、可操作的学习计划和目标呢? 我们将从一个小故事说起。

曾经听过这样一个小故事:有一位年纪很大的老爷爷,一天要爬上百级台阶。有人就问这位老爷爷:"您一天爬这么多的台阶,难道不累么?"老爷爷笑笑回答说:"我要征服的只是面前的那一级台阶罢了。"这是一则很有哲理的故事,稍做思考就不难发现,其实老人说的是一个"成就感"的问题。如果我们按照老人说的话去做,那么,我们一定也会感到上台阶是一件很轻松的事情。我们不难发现,老人产生"成就感"的一个最重要的原因就是设立合理可行的目标。由此,我们得到一个启示:对于学习困难的儿童来说,设立的学习目标要从"小目标"做起,"小目标"使他们产生迈开第一步的学习动力,随后,在"小目标"实现后,还能够获得学习成功的喜悦,从而收获"成就感"。"成就感"产生后,就能够更好地激发他们的学习潜力,使他们更加容易成功。如此一来,儿童在学习上就会形成一个良性循环,从而强化他们在学习上的自信心。

 **案 例**

自信心暗示效果:2004 年,苏州市敬文实验小学在六(1)班和六(2)班全体学生中进行了一次跨越式跳高的比赛。比赛前,老师将成功体育的教学理念注入跨

越式跳高的教学中,让六(1)班的学生克服跳跃的心理障碍,用成功的激励让他们相信自己能够跳过,再让学生自己选择适合他们的高度,进行练习。在六(2)班时,老师不施加任何影响,按照传统的教学方法指导学生学习、练习,然后比赛。

结果发现,六(1)班、六(2)班全体学生在实验前,跨越式跳高的成绩相当,没有太大的差距。而实验后,六(1)班成绩的优秀率从 10% 上升到 44%,六(2)班由 6% 仅上升到 16%。尽管都有上升,但这些数据清楚地体现了教学理念的显著差异。事后,老师在和同学们交流的过程中告诉大家,六(1)班获得胜利的原因很简单,就是在于让学生都能掌握跨越式跳高的正确动作技能,恐惧心理消除了,自信心增加了,自然会渴望挑战更高的高度,从中享受成功带来的乐趣。

班杜拉说:"人总是按照自己对自己的估计,按他头脑中的自我形象去行动的,如果主体丧失了自信心,也就丧失了前进的力量。"老师让学生经过努力达到了预期的目标和成果,得到了自己和社会的认可,他就是一个成功者,他就会得到成功的情绪体验。而获得成功的体验是学生学习过程中最大的内驱力,它可以给人带来自信。自信心与成功感的交互作用产生了良性循环,孩子们洋溢着欢笑的小脸就是自信与快乐的体现。

问题与思考

如果您是一位孩子的家长或老师,当您了解了苏州市敬文实验小学六(1)班取得胜利的原因后,给您在教育转化学习困难儿童的理念上带来什么样的改变?

九、及时反馈儿童的学习结果

　　麻省理工学院控制论的创始人维纳于 20 世纪 40 年代说道:"一个有效的行为必须通过某种反馈过程取得信息,从而了解目的是否已经达到。"20 世纪 50 年代,美国心理学家伯尔赫斯·弗雷德里克·斯金纳依据操作性条件反射和强化的理论,对传统的教学进行大胆改革,把控制论的观点与教学实际相结合,发明了"教学机器"并提出了"程序教学"的大胆构想,并积极运用于教学实际,提出了程序教学法。

　　程序教学的主要原则之一强调对儿童的反应做出及时的反馈,这样对儿童的强化效果也越有效。程序教学把学习的顺序进行了严密的设计,儿童将前一章节学完后,对其进行测验,顺利通过了,便能显示下一章节的学习内容。儿童自己得出正确答案其实就是一种反馈,前一章节内容过关了,就能进行下一章节的学习。如果测验未通过,系统就会引入补充材料作为对上一章节的补充说明,从而纠正前面犯的错误。若能长期坚持程序教学,对提高儿童的自信心和学习兴趣会有很大的帮助。由此我们发现,家长和老师对儿童学习结果的及时反馈有助于提升儿童学习的自信心和学习兴趣。

　　那么,家长和老师对儿童学习结果的及时反馈有助于提高儿童的学业成绩吗? 下面我们来看一个有名的实验(见图 3-4)。

　　心理学家罗斯和亨利曾做过这样一个实验,他把一个班的学生分成了三组,每组给予不同的反馈。对第一组,每天告诉其学习后的结果;对第二组,每周告诉其学习结果;对第三组,则不告诉学习结果。如此进行了 8 周后,改换条件,将第

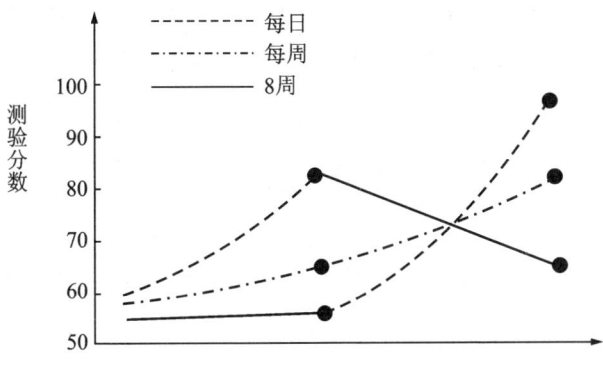

图 3-4　三组学习成绩测试结果

一组和第三组的反馈方式对调,第二组反馈方式不变,实验也进行8周。反馈方式改变后,第三组的成绩有突出的进步,而第一组的学习成绩逐步下降,第二组成绩稳步上升。

以上实验结果表明,在教学过程中及时反馈学生的学习结果对学生的学习有显著的影响,尤其是每天的及时反馈,较之每周反馈的效果更佳。由此可见,很多儿童的学习成绩不好,与老师和家长对儿童学习结果反馈不及时、儿童学习状态没有得到及时矫正有关。家长和老师对儿童学习结果的及时反馈有助于提升儿童学习的自信心和学习兴趣,同时也有助于提高儿童的学业成绩。

 **案 例**

在此引用一个案例——课间的聆听。案例情境:在一所中学偶遇某个班的语文科代表在发上一次的作文本,听到了学生们拿到作文本后的一些心里话,具体如下:

学生1:"都三个星期了,老师才把作文本发下来。"

学生2:"三个星期前写的作文,太长时间了,我连题目都不记得了,更不要说

写了些什么。"(一名学生唏嘘着)

学生3："老师在我的本子上写了一个'审题不合格'和一个不及格的分数,可我的审题错在哪里呢? 我觉得挺对的,老师也没给出解释。"

学生4(加入了谈话队伍)："老师把我的这句话删掉了,可怎么就不合适呢? 老师也没告诉我原因。"

学生5："老师给我的本子上用红笔加了三句话,可我不明白为什么要加?"

学生6："要是老师能当面给我的文章点拨一下,指出需要修改的地方就好了。"

学生7："一堂作文讲评课一共40分钟时间,老师要罗列一些学生常见的问题,要分析这篇文章的审题和写作文的注意点,然后挑几篇范文朗读,时间就差不多了,怎么有时间给我们提问? 怎么有时间单独辅导呢?"

此话一出,刚才嘀咕的声音瞬间消失了,学生们或做作业去了,或与其他人说话去了。

由此可见,案例中学生的作文,教师批阅过以后会是一则很有现实针对性的反馈材料,但我们一线的教师由于课时多,对于批阅作文这种耗时又费力的事情,往往采取"走马观花式"的浏览,大致给一个分数(普遍压低分数),评语也是客套性的术语,并未针对每个学生文章本身的特点给予中肯的意见。教师没有认真、及时地反馈,学生便认为教师的作文讲评与自己没有多大关系,只是点评某些作文较好的同学的文章,也就没有心思认真听作文讲评了。

所以,教师和家长要提高儿童学习的积极主动性,要帮助他们走出学习的困境,就要对他们的学习结果进行及时的反馈。

 问题与思考

　　如果您是一位孩子的家长,了解了及时反馈孩子学习结果对其学习的影响之后,给您带来何种育儿启示?

十、激发儿童的学习动机

当今社会,学习对儿童来说已成为一件艰难的事情,儿童越来越不喜欢学习,认为学习是一件苦差事。有些学习困难的儿童,对学习的目的和意义不明确,缺乏正确的学习动机。他们常常表现出"要我学",而不是"我要学"的心理状态。上课、学习只是为了应付家长和老师,主观上不努力,缺乏勤奋学习的精神。在教育上要记住三件事:第一是动机,第二是动机,第三还是动机。

那么,什么是儿童的学习动机呢?学习动机是激发个体进行学习活动、维持已引起的学习活动,并使个体的学习活动朝向一定的学习目标的一种内部启动机制。它与学习活动可以相互激发、相互加强。学习动机一旦形成,就会自始至终贯穿于学习活动的全过程。学习动机包含学习需要和学习期待两个因素,通常可通过外在的学习行为反映出来,可根据儿童学习积极性的程度推测其学习动机。学习积极性可以从注意状态、情绪状态和意志状态这三个方面体现,根据个体在上述三方面的情况,可以在一定程度上判断儿童是否存在学习动机问题。良好的、适当的学习动机将促进儿童学习行为的改善,提高学习能力。

斯迪帕特认为,教师应经常通过观察,有意识地注意儿童可能存在的动机问题。以下是他提出的教师应该经常注意的问题。

(1)学生是否注意教师?

(2)课堂上是否主动回答问题?

(3)能否迅速开始某项活动?

(4)注意力能否维持到任务最后完成?

(5)能否坚持自己解决问题,不轻易放弃看上去较难的问题?

(6)能否自觉地学习?

(7)当学生确实需要他人帮助时,他提出这种要求了吗?

(8)能否按时交作业?

(9)能否顺利完成任务?

(10)允许选择时,即使有失败的可能,学生能否选择具有挑战性的任务?

(11)能否接受学习新东西时难免产生错误的观点?

(12)当从事不同的学习任务但需要相似的学习能力时,学生是否有相似的表现?

(13)学生的考试成绩与平时成绩是否一致?

(14)学生是否参与课外的一些学习活动?

(15)学生在学习时是否显得快乐、自豪、热情和投入?

(16)学生能否跟得上教师的教学与辅导?

(17)即使成绩很好,学生是否仍很努力地去改善?

(18)能否主动地选择具有挑战性的学习活动?

(19)在没有奖励或评定时,学生能否努力地去学习?

通过回答上述问题,教师对学生的动机状况会有一个较全面的了解。当然,教师既要观察所有的学生,同时也要观察同一学生在不同学习活动中的表现,以便全面了解学生的学习动机情况。

倘若家长或是老师发现孩子的学习动机缺乏,那么,应该如何激发孩子的学习动机呢?我们将在阐述不同心理学家提出的相关学习动机的理论观点,以及他们对学生学习行为解读的基础上,了解学生学习动机的实质及培养与激发学习动机的规律。

(一)强化理论

学习动机的强化理论是由联结主义心理学家们提出来的,他们不仅用强化解释学习的发生,而且用它解释动机的产生。在他们看来,人的某种学习行为倾向完全取决于先前的这种学习行为与刺激因强化而建立起来的稳固联系,强化可以使人在学习过程中增强某种反应发生的可能性。他们的一个观点就是强调任何学习行为都是为了获得某种报偿。因此,在学习活动中,采取各种外部手段如奖赏、赞扬、评分、竞赛等,可以激发学生的学习动机,引起他们相应的学习行为。

(二)需要层次理论

需要层次理论是人本主义心理学理论在动机领域中的体现,马斯洛是这一理论的提出者和代表人物。马斯洛认为人的基本需要有五种,这些需要由低到高依次排列,即生理的需要、安全的需要、归属和爱的需要、尊重的需要和自我实现的需要。其中,生理的需要、安全的需要、归属和爱的需要、尊重的需要属于基本需要,它们因身心的缺失而产生,因此也称缺失性需要。例如,因孤独而追求归属,因自卑而追求自尊等。它们为人类维持生活所必需,一旦它们得到满足,其需求强度就会降低。而自我实现的需要属于成长需要,它区别于缺失性需要的根本特点在于它的永不满足性。也就是说,自我实现的需要的强度不仅不会随其满足而降低,相反地会因获得满足而增强,因此,个体追求的成长性目标是无限的,是无止境的(见图3-5)。

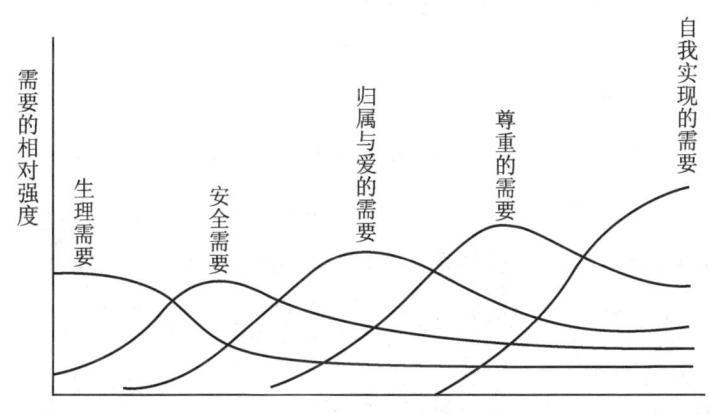

图 3-5 需要层次的强度比较

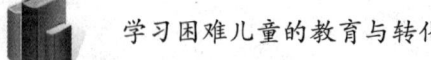

需要层次理论说明,在某种程度上,儿童缺乏学习动机可能是由于某种缺失性需要没有得到充分满足而引起的。如家境清贫使温饱得不到满足;父母离异使归属与爱的需要得不到满足;教师过于严厉和苛刻,动辄训斥和批评学生,使安全需要和尊重需要得不到满足等。这些因素,都会成为儿童学习和自我实现的主要障碍。所以,教师和家长不仅要关心儿童的学习,也应该关心儿童的生活和情绪,以激发其学习动机。

(三)成就动机理论

成就动机这一概念源于 20 世纪 30 年代默里(Murray)的有关研究,他把成就动机定义为一种努力克服障碍、施展才能、力求又快又好地解决某一问题的愿望或趋势。在 20 世纪 40 年代到 50 年代,麦克里兰(McClelland)和阿特金森(Atkinson)等接受默里的思想,并将其发展为成就动机理论。

成就动机是在人的成就需要的基础上产生的,它是激励个体从事自己认为重要的或有价值的工作,并力求获得成功的一种内在驱动力。例如,学生想获得优良的学业成绩,想为社会经济发展做出更多的贡献,都是其成就动机作用的表现。这种动机是人类独有的,是后天获得的具有社会意义的动机。在人类的学习活动中,成就动机是一种主要的学习动机。麦克里兰的研究发现,人们在追求成就时存在两种倾向:一种是追求成功和由成功带来的积极情感的倾向性,即力求成功的动机;另一种是避免失败和由失败带来的消极情感的倾向性,即避免失败的动机。根据这两类动机在儿童的动机系统中占的强度,可以将儿童分为力求成功者和避免失败者。在教育实践中,对力求成功者应通过安排新颖且有一定难度的任务、设置竞争的情境、严格评定分数等方式激起其学习动机;而对于避免失败者,则要设置少竞争或竞争性不强的情境,如果取得成功则要及时表扬,给予强化,评定分数时,要求稍微放宽一些,尽量避免在公众场合指责其错误。通过这些方式激起其学习动机。

(四)归因理论

最早提出归因理论的是海德(Heider),他认为,人们具有了解世界和控制环

境两种需要,使这两种需要得到满足的最根本手段就是了解人们行动的原因,并预言人们将如何行动。他认为,行为的原因或者在于外部环境,或者在于个人本身。他人的影响、奖励、运气、工作难易等都是外部环境原因,如果把行为的原因归于环境,则个人对其行为结果不用负任何责任。人格、动机、情绪、态度、能力、努力等都是个人内部的原因,如果把行为的原因归于个人内在的因素,则个人应对其行为结果负责。

在海德和罗特研究的基础上,维纳(Weiner)对行为结果的归因进行了系统探讨,提出了三维度和六因素归因模式(见表 3-1)。他发现人们倾向于将活动成败的原因归结为以下六个因素:能力高低、努力程度、任务难易、运气(机遇)好坏、身心状态、外界环境等。而这六个因素可归为三个维度,即内部归因和外部归因、稳定性归因和非稳定性归因、可控制归因和不可控归因。

表 3-1　三维度和六因素归因模式

维度	稳定性		内在性		可控性	
因素	稳定	非稳定	内在	外在	可控	不可控
能力高低	+		+			+
努力程度		+	+		+	
任务难易	+			+		+
运气好坏		+		+		+
身心状态		+	+			
外界环境		+		+		+

一般而言,儿童通常将成功或失败的原因归因于能力、努力、任务难度与运气等四个因素,而较少归因为身心状态和外界环境。当然,儿童最终将自己的成败归因为什么因素,还受到多种变量的影响,如他人操作的有关信息,即个体根据别人的行为结果的有关信息解释自己行为结果的原因;先前的观念或因果图式,即个体以往的经验或行为结果的历史;自我知觉,即个体对自己能力的看法等。此

外,教师或权威人物对儿童行为的期待、奖惩和归因,儿童的性格类型,教育训练等都可以影响儿童的归因。所以,家长和老师要依据儿童对自己学习困难现象的具体归因进行学习动机的激发。

(五)自我效能感理论

自我效能感是指个体在进行某一活动之前,对自己能否有效地实施某一行为的判断,即人对自己行为能力的主观推测。这一概念是由班杜拉最早提出的,他把强化分为三种:一是直接强化,即通过外部因素对学习行为予以强化,如奖励和惩罚便是学习中常用的两种强化形式;二是替代性强化,即通过一定的榜样强化相应的学习行为或学习行为倾向;三是自我强化,即学习者根据一定的评价标准进行自我评价和自我监督,强化相应的学习行为。所以,他认为学生学习行为的出现不是因为随后的强化,而是因为认识了行为与强化之间的相互关系后而形成的对下一强化的期待,包括结果期待与效能期待。

结果期待指的是学生对自己的某种行为会导致某一结果的推测。如果学生预测到某一特定行为会导致某一特定的结果,那么这一行为就可能被激活和被选择。例如,学生认识到只要上课认真听讲,就会获得他所期望的好成绩,那他很可能会认真听课。效能期待则是指学生对自己能否实施某种成就行为的能力的判断,它意味着学生是否确信自己能够成功地进行带来某一结果的行为。当学生确信自己有能力进行某一活动时,就会产生高度的自我效能感,并会实施该种活动。例如,学生认识到认真听课可以带来理想的成绩,并且感到自己有能力听懂教师所讲的内容时,才会真正认真听课。

因此,在学生获得了相应的知识和技能,确立了合理的学习目标之后,自我效能感就成为学习行为的决定因素。影响学生自我效能感的因素主要有以下几种:学习成功与失败的经验、替代性经验、言语劝说及情绪唤醒等。所以,对于学习困难儿童学习动机的激发要从以上三种影响儿童自我效能感的因素入手,同时结合儿童自身的需要、认知与情感,这样才会更具实效性。

（六）自我价值理论

自我价值理论是美国教育心理学家卡文顿提出的。该理论以成就动机理论和成败归因理论为基础，从负面的学习动机着眼，试图探讨"有些学生为什么不肯努力学习"的问题。卡文顿研究发现，自我接受的需要是人类最高的需要，只有个体感觉自己有价值，才能接受自我，自我价值感是个体追求成功的内在动力。然而，个体倾向于将成功视为能力的展现而非努力的结果。所以，在竞争激烈的班级教学环境中，儿童从考试结果中体验到的成败经验永远是成功者少，失败者多。在长期追求成功而不能取得成功的情形下，既要维持自我价值，又想逃避失败的痛苦，于是在心理上形成一种应付考试失败后的"对策"，如不参加考试、力图给别人留下自己没有努力的印象、在考试前扬言自己只要及格就很满足。有的学生在学业中故意拖延，表现出一副不努力的样子；有的学生选择任务特别繁重的课程，即使学习情况不理想也觉得"情有可原"；还有的学生考试焦虑，因为看起来焦虑总比看起来笨使人好受一些（Alderman，1999），借此避免承认自己的能力薄弱，从而维持自我价值。

总之，自我价值理论可以较好地解释"有的学生为什么不肯努力学习"，而"有的学生为什么要掩饰其努力或拒绝承认其努力"等问题。表面看起来是学生的学习动机降低了，实际上却是自我价值保护的内在动机的加强，或者可以说学生对学业的漠视、逃避和倦怠，不是由于缺乏动机，而是因为动机过强。这种过强的动机不是积极的动机，而是采用自欺欺人的策略保护自我价值的消极的动机。

（七）自我决定理论

自我决定理论是美国心理学家德西（Deci）和瑞恩（Ryan）提出的，是一种较新的学习动机理论，与自主学习观点密切联系。它从人类的内在需要出发，很好地解决了动机产生的能量问题，同时也兼顾了动机行为的方向和目标。该理论指出，理解儿童学习动机的关键是了解其三种基本的心理需要：胜任需要、归属需要和自主需要。儿童学习动机的能量和性质，取决于他们心理需要的满足程度。自我决定理论尤其重视自主的需要,认为儿童的自主需要越能得到满足,他的学习动机就越趋于内化。所谓内化(internalization),是将外部偶尔相关事件的调控主动地转换为内部调控的过程(Schafer,1968)。例如,儿童对有些活动并不感兴趣,但由于这些活动对社会生存具有重要意义,因此他们会对这些活动主动地、内在地加以整合和内化。

根据内化程度的不同,可以将外在动机分为四种类型:①外部调控。外部调控是指通过奖励或惩罚等外部原因引发儿童的学习行为。例如,一个学生为了得到教师的赞扬,或是避免父母的惩罚而去学习,那其学习动机就是外部调控的。②内射调控。在内射调控形式中,外部调控中的一些威胁性的约束或许诺的奖赏内化为硬性的规则或要求时,学生便在这种规则或要求的约束下不自觉地行动。例如,一个学生为避免成为一个坏学生而按时上课,由于这个学生并没有认同规则,因而按时上课不是他自己的选择,而是在内在压力的迫使下才遵守纪律的。③认同调控。当个体意识到行为的价值,表现出认同和接受时,认同调控就会发生。与外部调控和内射调控相比,源于认同动机的学习行为更具有自主性,更加主动积极。例如,一个学生愿意做一些额外的数学练习,是因为该学生相信这有助于提高数学学习能力。④整合调控。整合调控是外在动机内化的最高形式。在这种情况下,调控的过程和个体内在的自我感完全整合在一起。也就是说,儿童认同的规则与儿童其他的价值、需要和身份同化在一起。整合动机引发的行为是具有高度自主性的,这种动机调控主要出现在成人阶段。

以上四种动机调控的类型处于以外在控制和自我决定为两极的连续体的不同点上,描述了不同程度的内化和整合,也反映了个体行为的自我决定程度与受控制程度之间比率大小的变化。所以,家长和教师在激发学习困难儿童的学习动机时,尽可能地"由外到内"逐步渗入,让儿童实现从"要求我去做"为"我要求去做"的心理转变历程,即由外部调控到内射调控,再到认同调控,最后达到具有高度自主性的整合调控阶段。

总之,学习动机是儿童有效地进行学习的前提,但学习动机的巩固和发展又依赖于儿童自身的学习效果。因此,家长和教师必须依据学习困难儿童自身学习行为的现状,分析他们缺乏学习动机的实质原因,并采取切实有效的、可行的激发他们学习动机的策略。

 **案　例**

美国社会心理学家戴维·麦克里兰(David McClelland)注重研究人的高层次需要与社会性的动机,强调采用系统的、客观的、有效的方法进行研究,提出了个体在工作情境中有三种重要需要:成就需要(need for achievement),即争取成功希望做得最好的需要。高成就需要者事业心强,有进取心,敢冒一定的风险,较实际,大多是进取的现实主义者。权力需要(the need for authority and power),即影响或控制他人且不受他人控制的需要。亲和需要(need for affiliation),即建立友好亲密的人际关系的需要,或寻求被他人喜爱和接纳的一种愿望。麦克里兰和阿特金森(1953)进行了一系列的研究,他们主张,成就需求是个人人格中相当持久稳定的一种特性,这种追求某种目的或目标的特性或倾向就是成就动机(achievement motivation)。当个人所处情境之特征或消息与该动机有关,那么此情境之特征或消息即构成一种线索,激发起个人想要获得该目标的期望。麦克里兰将成就动机界定为个人在做事时与自己所持有的良好或优秀标准相竞争的冲动或欲望。他们认为,成就动机促动的追求成就的行为是由两种方向相反的心理需求作用产生的结果。其中一种需求是求成需求(need to achieve),另一种需求是避败需求(need to avoid failure),只有在前一种需求大于后一种需求时,个人追求成就的行为才会显现。

在 20 世纪 50 年代末 60 年代初,麦克里兰在各种实验条件下对不同年龄、不同特征的实验对象的成就动机做了大量的研究。其中一个实验的实验对象是5岁的儿童。让孩子们走进一间屋子,手里拿着许多绳圈,让他们用绳圈去套房间中间的一个木桩。孩子们可以自由选择自己站立的位置,并让他们预测他们能够套中木桩的数量。结果发现,追求成功的儿童选择了距离木桩适中的位置,然而避免失败的儿童却选择了要么距离木桩非常近,要么距离木桩非常远的地方。麦克里兰对这样的实验结果解释道,追求成功的儿童选择了具有一定挑战性的任务,但同时也保证了具有一定的成功可能性。因此,他们选择了与木桩距离适中的位置。避免失败的儿童关注的不是成功与失败的取舍,而是尽力地避免失败和与此有关的消极情绪,所以,要么距离木桩很近,轻易成功,要么距离木桩很远,几乎没有成功的可能,这是任何人都达不到的,因此也不会带来消极情绪。

问题与思考

如果您是一位缺乏学习动机孩子的家长或是老师,请结合上述麦克里兰的实验结果,谈谈您对激发儿童学习动机(成就动机)的体会?

第四章

学习困难儿童教育转化案例

"教育要面向全体学生"这是我国基础教育的基本理念。"让每一位学生都有不同程度的发展,都能在原有基础上有所进步",这也一直是每一位教师追求的目标。然而在教学中,"学困生"依然存在,"如何面对'学困生',如何转化'学困生'"也是每一位教师工作的重心。

　　学习困难是普遍存在的问题,也是青少年时期的主要问题之一,除了智力因素外,某些非智力因素对学习也有一定的影响。我国学习困难的儿童是一个庞大的群体,研究学习困难的影响因素及如何对学习困难的儿童进行干预显得尤为重要。本研究对学习困难儿童的界定是指智力正常,但学习效果较差,达不到国家规定的教学大纲要求的儿童。这类儿童的感官和智力正常,但学习效果未能达到教学目标。

　　笔者通过长达七年的时间,对学习困难儿童教育转化的策略进行了实证研究。对影响学困生学习的非智力因素进行了翔实的分析研究,并提出相应的解决措施,在帮助和辅导学困生的实践教育与转化过程之中,取得了较好的效果。依据儿童所表现出来的学习困难现象进行心理诊断与分析,找出造成儿童学习困难的具体原因,再根据儿童的心理年龄特征设计切实可行的有效策略对学习困难儿童进行教育转化。

　　在我院本科生与研究生的共同努力下,收集了大量的相关学习困难儿童教育与转化的个案资料。根据儿童学习困难的不同类型,本研究重点筛选出了十个有针对性的、能有效代表学习困难儿童的教育转化案例。对学习困难儿童的教育转化案例的剖析主要包含以下五个方面的内容:学习困难儿童的个人基本信息、学习中存在的问题、学习困难的成因分析、解决儿童学习困难的有效策略,以及教育转化学习困难儿童的反思与启示。

　　期望通过这些现实的学习困难儿童的教育与转化案例,能够带给家长、教师以及其他能够影响儿童健康成长的重要社会他人些许启示与帮助,能够真正体会让•雅克•卢梭的教育箴言:"没有不好的学生,只有不好的教师。"让我们共同努力,为儿童的健康成长助一臂之力;让我们悉心呵护成长中的儿童,成为他们人生征途中的帮助者;让我们成为儿童人生路上的一盏明灯,引领他们朝着自己的梦想努力前行,达到成功的彼岸。

一、学习成绩差的"大姐大"

(一)学习困难儿童的个人基本信息

本案例的研究对象是一名 14 岁的初中二年级女生,是就读于某中学的在校学生。她的父母只有初中文化程度,家庭条件非常优越,其父母经商,收入不错。但是父母平时在家时间少,对孩子的管教不够,导致孩子出现了很多问题。这个孩子从小学到初中学习成绩一直不理想,现在还被班里的同学称作"大姐大"。

(二)学习困难儿童存在的问题

这位学生平时不服从教师管教,上课时经常说话,不但影响其他同学学习,并且她自己的学习成绩也快速下降,在学习上出现了严重的困难现象,同时也表现出了不良的行为习惯,具体情况如下:①学习困难,成绩不理想;②在班级里称王称霸,不听管教;③对其他任课老师没有礼貌,不尊重老师,根本不把老师放在眼里;④同学们不敢接近她,对班级里看不惯的同学经常打骂,班里只有少数人与她交往,喜欢拉帮结派;⑤喜欢乱花钱,浪费严重。

(三)儿童学习困难的成因分析

这名学生为什么会变成这样一个学习成绩差的"大姐大"呢?正如医生细心地研究病人的机体,找出疾病的根源,以便着手进行治疗一样,教师和家长也应当深思熟虑地、仔细耐心地研究儿童的发展现状,找出导致儿童在学习上产生学习

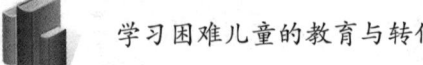
困难的原因。通过对学习困难的成因分析,我们发现主要原因源自以下三个方面。

1. 原生家庭的原因

原生家庭的原因主要体现在以下几个方面:①家长疏于对孩子的管理。由于父母在外做生意,孩子上学期间都是寄宿在亲戚家,周末才回自己的家,造成家长疏于对孩子的管理,包括平时对孩子的关心不够细致、管教不够严格,对其言行缺少正确的引导,任其发展。②家长的教育方式不当,效果甚微。虽然该学生的家庭经济条件较好,家长也尽力为其提供优质教育,但由于父母工作忙,加之补偿心理和"望女成凤"的迫切心理的影响,孩子在物质需求方面总能得到满足,但其精神需求、心理发展需求却因家长的忽略而得不到满足。例如,孩子每次犯错时,家长都会给予孩子严重的打骂和体罚,刚进行完教育后,孩子会有所收敛,但是其他情形下依然我行我素。③精神空虚得不到心理上的慰藉。因家长忙于生意,没时间陪孩子,所以当孩子在家里得不到温暖时,她必然要到同龄人中,特别是有着同样遭遇的同伴中寻找温暖……因此,她成为一群同是学习困难的孩子们中的领袖人物——"大姐大",也就不足为奇了。

2. 孩子自身的原因

孩子自身的原因主要体现在以下几个方面:①学习动机和意志力不够。动机是直接推动有机体活动以满足各种需要的内部状态,是行为的直接原因和内部动力,是激发有机体潜在力量的诱导因子。人类的行为几乎都是以动机作为驱动力的。动机可以激发人类的行为,使个体集中注意力进入活动状态,可以使个体有选择地进行某些活动,并使个体保持适当的行为强度,直到完成活动为止。因此,个体要从事某种活动,动机是必不可少的。学习动机不足是该学生学习困难的一个重要原因。由于缺乏学习动机,她尚不能认识到学习的目的,因此在学习上的注意力、意志力较弱,无法很好地完成学习任务,造成学业成就低下。然而学业成就低下导致教师对她期望值降低,学生的自信心受到打击,自我成就感得不到满足。这样造成其学习动机更加不足,从而形成一个恶性循环的怪圈,使她在学习上的困难越来越多。学习意志是与学习动机和学习兴趣关系密切的影响学习效果的重要因素之一。如果一个学生失去了学习动机、对学习没什么兴趣,那么,这个学生很难会有坚强的意志力去克服学习上出现的困难问题。②学习方法和学习习惯问题。正确的学习方法和良好的学习习惯,是保证学生学习效率,提高学生学习成绩的重要因素。不能掌握正确学习方法的儿童,在学习中就会产生学习无计划,不会科学地利用时间,不求甚解、死记硬背,不能形成知识结构,不会听课,不会阅读,抓不住重点和难点,理论与实际脱离,不善于科学用脑等问题。因此,教师和家长帮助儿童形成良好的学习习惯、掌握正确的学习方法非常重要。③学习态度消极,甚至行为不端。由于学习成绩落后,学业困难的儿童往往容易受到同学、教师的冷落,本案例中的学生就遭遇到了冷落,这种冷落强烈地暗示着她是一名"差生",这位学生甚至确信自己学不会课堂知识。用她的话说就是:"不是不学,是压根就学不会,老师早就放弃我了,也不管我了。"所以,该学生便出现了无心学习的心理现象,上课不能专心听讲,经常与周围的同学说话,影响他人上课,不按时完成作业,学习成绩可想而知。

3.学校教育的原因

学校教育主要表现在以下几个方面:①大班教学,教师对学生的关注度较低。目前,虽然相关教育部门提出基础教育的教学班级不能超过 50 人,但是很多学校没有做到,班级人数过多,导致教师对每一位学生的关注度降低,不能关心到每一位学生。②教师的心理偏向,冷落了学习成绩不佳的学生。在应试教育的影响下,教师只顾关注学生的学习成绩,并以成绩论"好学生"与否,教师过于关注学习好的学生,而冷落了学习上遇到困难的学生。事实上,这些学习上遇到困难的学生才更需要教师们的关注与帮助,可他们遭受的却是冷落和放弃。③教师的自信不足,缺乏敢于担当的心理。教师只愿意教那些一教就会的学生,而对于学习困难学生的教育转化缺乏自信,没有敢于担当的精神。怕吃苦、怕责任重,缺乏"没有教不好的学生,只有不会教的老师"的精神信念。

(四)解决儿童学习困难的有效策略

案例中的这名学生已经成为一名因家庭、学校、自身心理问题造成的行为叛逆的"学习困难的问题学生"了。如果要教育转化这样的特殊学生,除了与教师以及家长沟通等方法外,还要辅之以心理疏导、行为矫正等专业的教育转化措施,使其能够改善现有的不良学习、生活习惯,学会约束自己、融入班集体。由此可见,这是一个长期的教育过程,需要班主任老师、家长、心理辅导老师齐心合力共同完成。我们针对这名学生的问题提出以下解决策略。

1.家长要多和孩子进行交流沟通,以便"对症下药"

家长要意识到孩子的成长过程不仅需要物质上的供给,更需要心理上、精神上的滋养。在现实生活中,很多家长仅仅是孩子的"银行""提款机"等,孩子只有在需要钱的时候,或是需要买东西的时候,才会想起父母,平时跟父母的交流很少。父母应该扪心自问,是否了解自己的孩子?孩子需要的是什么?他们现在遇到的困难是什么?……家长很少问自己这些问题。而孩子的问题越积越多,直到最后失去了信心,放弃自己的正向追求,成为学习困难的"大姐大"。所以,家长一定要多关注孩子的心理成长,了解他们的心理需求,以及他们所面临的困境与困扰,及时与孩子沟通、交流,帮助孩子进行科学的心理疏导。

2.家长要改变自身的育儿方式,科学育儿

笔者并不赞成"棍棒下出孝子"的育儿观点,较推崇科学、正确、民主的育儿方式。建议家长不要在孩子犯错时,不分青红皂白就一顿打骂。这种方法只能使孩子因害怕再被打骂,而暂时抑制住令家长不喜欢的行为,但却不能从根本上根除孩子的不良行为。所以,建议家长在孩子犯错后,不要急着责怪孩子,而是了解事情的来龙去脉,分析清楚事情的原因之后,再采取合理的解决方法和孩子一起解决问题,包括承担自己该承担的责任等,使孩子明确自己错在哪里,应该怎样去做,以后如何预防。家长只有这样做了,才能真正起到教育孩子的目的,从心里根除孩子的不良行为。

3.家长要了解青春期孩子的心理发展特点,给孩子一个温暖的家

众所周知,处于青春期的孩子十分敏感脆弱,在这个阶段,他们身体上、生理上和心理上发生着较大的变化,再加上学业上的压力等,很容易产生情绪上的波动。所以,这个年龄段的孩子更需要家长的理解和帮助,更需要与家长进行沟通和交流,更需要家长的鼓励和表扬。建议家长常常鼓励孩子、肯定孩子、欣赏孩子、表扬孩子,让孩子自信起来,阳光起来。

4.家长要学会激励孩子学习,让孩子爱上学习

如果在孩子不想学习的情况下硬逼着孩子学习,那孩子的学习状态肯定是不好的,因为她没有做好学习的心理准备,缺乏学习动机。只有改变孩子的学习态度,让孩子对学习产生兴趣,爱上学习,才能够使孩子的学习得到更快的提高。所以,家长要在日常生活中不断激励孩子学习,即使偶尔一次考试成绩不理想,家长也不要埋怨孩子,更不要批评孩子,否则孩子的心理压力会更大,最后导致"破罐子破摔"的现象出现。

5.家长要改变观念,尊重孩子的选择

当今社会,考上名牌大学并不一定是孩子未来美好人生的最佳出路,不一定能给孩子带来一生的幸福。大部分家长都认识到孩子的幸福在于快乐地度过每一天,在于能够得心应手地从事自己喜欢的工作。所以,家长必须意识到这一点,要给孩子减压、多与孩子交流,让孩子知道家长的想法:只要努力学习,能否考上名牌大学并不重要,重要的是孩子认认真真地度过自己的每一天,没有辜负自己的青春年华。家长也要告诉孩子:只要他们努力了,无论将来做什么,父母都会相信自己的孩子会有所成就,并为孩子感到骄傲。

6.加强教师的教学能力,教会学生

通过我们的调查研究发现,学生之所以成为学困生的主要原因就是"最近发展区"的问题。授课教师课前没有很好地了解听课学生的实际水平,只是根据教

学大纲进行备课、授课,结果导致学生在课堂上听不懂教师讲的新知识,无法建立新旧知识的联结,造成知识结构断环,越听越听不懂,时间一长,就开始厌学、弃学。建议所有科任教师在授课前一定要了解自己所教的学生,然后真正做到"因材施教"。

7.提升教师自身的素养,关爱每一位学生

教师一定要热爱自己的职业、热爱自己的学生。尤其是对于学习困难的问题学生,帮助他们克服学习困难,是教师义不容辞的责任。加上学生在学校里接触最多的就是教师了,所以,教师不要放弃任何一位学习困难的问题学生,而是通过课间、课后的辅导,课外活动等多种方式,了解学生的学业困难现象,并根据学生的心理发展特点以及学科知识的特点,努力帮助学困生走出他们的学习困境,成功教育转化学习困难的孩子。

8.加强家校合作,建立有效沟通管道

当孩子处于"叛逆"的高峰期时,家长一定要和班主任、心理辅导教师多沟通交流孩子在家和在学校的表现。同时,学校也要定期举办"家长课堂",帮助家长认识孩子家庭教育的重要性,积极配合学校,做好孩子的教育工作。

9.发挥心理辅导教师的作用,做到提前预防

该案例中的这位孩子,在缺乏家庭的温暖而出现心理孤独时,如果班主任及时发现,并与心理辅导教师联手进行心理疏导,正确引导,或许可以有效地阻止这位"大姐大"的"出生"。所以,学校要重视青少年儿童的心理健康教育,教会孩子如何面对人生路上遇到的困难与坎坷,成为一名阳光健康的优秀学生,将来成为国家的栋梁之材。

(五)教育转化学习困难儿童的反思与启示

在班主任、心理辅导教师、家长以及我们研究团队的共同努力之下,大约一个学期的时间,这位学习成绩差的"大姐大"逐渐地转变成了老师眼里进步最大的学生,其行为表现发生了很大的变化,学习也开始进步了。

　　我们发现,案例中这名因家庭、学校、自身心理问题造成的行为叛逆的"学习困难的问题学生"的教育转化,除了要有教师的关心、帮助,以及家长的了解、鼓励、尊重外,还要辅之以心理疏导、行为矫正等专业的教育转化策略,使她能够改善现有的不良学习习惯,学会约束自己、融入班集体。这是一个长期的教育过程,需要班主任老师、家长、心理辅导教师齐心合力共同完成。

二、学习基础差的"偏科生"

(一)学习困难儿童的个人基本信息

　　本案例的研究对象是一名15岁的初中三年级女生,是就读于某中学的在校学生。她的家庭是重组家庭,爸妈离婚后她跟着爸爸一起生活。后来,爸爸重新组建了新家庭,家庭结构发生了变化,她有了一位新的母亲(她称为"阿姨"),还有了一个与她同龄但比她小的"阿姨"的女儿。

(二)学习困难儿童存在的问题

　　这位学习困难儿童不但学习基础差,而且还存在偏科严重的现象,其存在问题主要表现在以下几个方面:①上课听不懂,出现厌学现象;②学习态度不端正,出现抄袭现象;③写作业慢慢腾腾,拖延现象严重;④注意力不集中,学习分心现象严重;⑤不认真完成作业,字迹潦草,错误率高;⑥考试时出现心理焦虑现象;⑦自卑心理严重,学业情绪不良。

(三)儿童学习基础差且偏科的成因分析

　　这名学生为什么会变成这样一个学习基础差的"偏科生"呢?依据这位学生的学习困难现象,我们将从以下六个方面详细地分析其学习困难的具体原因。

1.学科知识断环,出现厌学现象

通过实践调查发现,这名学生对于自己学得比较好的科目会学习,但是对于自己学习不好的科目就不会学习,表现出特别严重的厌学情绪。例如,她的数学和英语成绩很差,考试基本不及格。通过课堂观察发现,这名学生在上数学、英语课的时候,要么三心二意、无精打采地听着,要么索性不听老师讲课。课堂注意力非常不集中,具体表现为:①上课喜欢东张西望,不注意听老师讲课,心不在焉;②课堂上喜欢做小动作,把玩手上的笔,或者直接玩弄自己的手指等。对于课后作业,她就更是不会做了,她自己说:"我已经很久没有交作业了,老师也不会管我。"但她又说道:"不是我不想做作业,也不是我不认真听讲,是我根本就听不懂。"

由此可知,这位学生出现学习偏科,不喜欢学习数学与英语,造成数学、英语成绩不理想的主要原因在于她的数学、英语学习出现知识断环的现象,也就是说,科任老师讲授的内容超出了该学生目前的学习"最近发展区",老师在课堂上讲授的新知识,学生没有办法与原有知识结构中的知识建立起联结。所以,学生就产生在课堂上听不懂老师讲的课、上课不认真听讲、厌学等一系列问题。

2.课后作业如同虚设,没有达到巩固新知识的目标

这位学生每次做数学题的时候,不加思考就写答案,简单的计算都会出错,背英语单词的时候不是多了个字母就是少了个字母,她的注意力只能集中很短的时间,要不断提醒她,否则她就想别的事情了。有时候,发现不是她不会,而是心不在焉,只想着写完作业就好了,不管作业写得对与错。

这位学生的上述表现说明,孩子没有明白老师布置课后作业的真正意义是什么,而是把作业当成一项"工作任务"来完成,敷衍了事,认为只要做了作业就可以了,所以做作业时不喜欢动脑筋。每一次写作业时,不思考好就急忙下笔写,或者是等别人给出答案。该学生没有思考过通过写作业可以评估自己是否掌握了老师教的新知识,没有认识到课后作业是自己学习结果的一个"检查者""反馈者"和

"监督者"。如果作业做错了,恰好说明自己没有掌握老师所教的新知识,就要针对自己不会的知识点,请教老师、同学或是家长等人,直到学会为止。

3.学生学习动力不足,学习拖拉

这位学生学习习惯不良,拖延现象严重。例如,每次都要等到家教老师到了以后,她才从书包里拿出书本,并且拿的过程很久,翻来翻去。有时,家教老师到家里时,这位学生正在看某个电视节目,催了她好几次才慢吞吞地坐下来开始学习,而且还不能够很快进入学习状态。造成这种现象的原因主要有以下几个方面。

(1)学校层面。学校分设重点班和普通班,这位学生在普通班学习,她认为无论自己如何努力都比重点班的学生差,这种自我意识使她产生了一种消极的自卑心理,于是就表现出不愿意努力学习的行为。

(2)学生层面。这位学生没有良好的学习习惯,对学习没有正确的认识。在她看来,学习只是为了考试。所以,当她觉得自己在普通班的成绩处于中等水平时,再加上她在学习乐器,便认为自己可以凭借艺术生的条件进入好的高中。因此,这位学生理所当然地认为没有必要花力气学习听不懂、写作业有困难的数学与英语了。这位学生表现出了非常消极的学习态度,因为放学时着急回家,经常带错课本或者直接忘了把数学和英语课本带回来。写作业时拖拖拉拉,很久才从书包里拿出书本。当家教老师到家里时,不是马上停止看电视,而是催了好几次才慢吞吞地坐下来开始学习,并且还不能很快进入学习状态。写作业的时候,她喜欢一边看电视一边写作业,遇到自己不感兴趣的课后作业,完成的效果特别差,字迹潦草,错误率非常高。

(3)科任老师层面。当学生在学习上出现困难,不能正确、及时完成课后作业时,科任老师就应该在第一时间对这位学生进行课后个别辅导,使学生把没有学会的知识弄懂,并能够做到举一反三。否则,学生的知识链就会出现"断环现象",新旧知识无法进行衔接,学生就会听不懂老师的课,慢慢地就不喜欢这门课程了,完成课后作业也会出现很大的困难。其结果就是学生变得不愿意写这门课的作

业了,找各种理由不写作业,如忘记带课本,或是带错课本;写作业时不认真,甚至出现抄袭现象,或是怀着侥幸心理故意放慢动作、拖拉等。

(4)学生心理压力过大,出现考试焦虑现象。造成这位学生心理压力大的原因主要是由两个方面造成的。

一是缺乏自信心。由于这位学生数学、英语成绩比较差,偏科严重,数学、英语考试成绩经常不理想,偶尔还会不及格。于是这位学生慢慢地失去了考取好成绩的信心,对这两门课程产生了"习得无助感",失去了学习的自信心。

二是家长对孩子的期望过高。这位学生的家长总是希望自己的孩子能够好好地学习,每一次考试都能够取得优异的成绩。事实上,事与愿违,一旦孩子没有考好,家长就是一通粗暴地指责与教训。这样一来,每逢考试这位学生都感到很害怕,担心自己考不好,受到家长的批评与指责,所以每次考试都给她带来很大的心理压力,导致考试时这位学生出现了严重的心理焦虑现象。

(5)学生自卑心理严重。这位学生的自卑心理主要源于以下两个方面。

一是自己学习成绩不够理想。这位学生有一位跟自己没有血缘关系的妹妹,而妹妹平时学习主动、积极、认真,学习成绩比较好。相比之下,这位学生便产生了一些自卑感。

二是自我意识不正确。这位学生长得比较胖,而自己妹妹的身材却很好,看着阿姨给妹妹买的新衣服她总会露出羡慕的眼神。尤其是当别人经常拿这件事跟她开玩笑时,虽然她表面上装作无所谓,但心里却很自卑。她没有意识到每个人都有每个人的烦恼,身体条件不能决定一切。

由此我们发现,这位学生由于心理发展不够成熟、不正确的归因方式,以及自我意识的不正确产生了强烈的自卑心理。

(6)家庭关系淡漠,学生情绪消极。家庭是儿童成长、发展的重要场所,如果家庭环境不良,会直接影响到儿童的情绪。这位学生生活的家庭是一个重新组合的家庭。她跟爸爸生活一段时间后,爸爸重新建立了新的家庭,她有了一个没有

血缘关系的同龄妹妹。对于这个没有血缘关系的妹妹,她很少与她说话,连最简单的朋友都不像,两个人各自做着自己的事情,互不干扰。她跟新来的阿姨还有妹妹并不是很亲切,关系有点陌生。又因为女孩子长大了总会跟自己的妈妈谈心事,她却没有倾诉的对象,很多事情都只能放在心里。长期以来的家庭关系的淡漠直接影响到她的情绪,这位学生逐渐产生了消极情绪,出现了压抑感,直接影响了她的学业学习。

(四)解决儿童学习基础差且偏科的有效策略

案例中这位 15 岁的初中三年级女生,其主要问题是学习基础差并且偏科现象严重,根据对造成其学习困难成因的调查与分析,提出以下解决策略。

1.在家庭方面,重塑家庭的良好人际关系

良好的家庭关系有助于儿童产生积极情绪,而积极情绪可以提高儿童大脑的多巴胺水平,进而影响儿童的长时记忆、学习记忆以及创造性问题的解决。此外,积极情绪通过影响学生对注意资源的分配,会间接影响儿童对相关任务的加工过程。除此之外,积极情绪还会增强儿童的学习动机,使儿童对学习产生兴趣,并能够更好地使用学习策略。所以,给孩子一个温馨的家,重塑家庭的良好人际关系,使儿童重新拥有积极情绪是解决案例中学生学习动力不足、学习拖拉、效率低等学习困难问题的有效措施。

2.在儿童自身方面,建立儿童的自信心

儿童的自我概念属于自我认知方面,反映了儿童对于自己的看法和态度具有相对的稳定性,是儿童社会性发展的核心构成部分。[①] 从以往的研究结果来看,亲子关系、师生关系和同伴关系对中小学生的自我概念都有不同程度的影响。自我概念的积极性描述了个体对于自身看法的积极程度。依据我们的调查结果发现,案例中的初三学生表现出自我概念的积极程度明显偏低。所以,儿童的重要

---

① 金盛华.自我概念与发展[J].北京师范大学学报(哲学社会科学版),1996(1).

他人要积极引导儿童正确地认识自我,不断提升儿童的自信心,消除儿童内心深处的自卑心理,疏导儿童的心理压力,缓解儿童的焦虑情绪,保持儿童的自我和谐,维护儿童的心理健康。

3. 在教师方面,关注儿童的"最近发展区"

"最近发展区"的概念是由维果斯基提出的。在案例的分析中我们发现,这位学生的偏科现象较为明显,尤其是数学、英语学习出现了严重的困难现象,如上课听不懂,课后作业不会做,这两门课程成为该学生学习上的"两大难"。但是,只要这两门科任老师仔细关注该学生的"最近发展区",讲授的新知识、新内容不要超出该学生目前的学习"最近发展区",尽快解决学生知识断环的问题,学生便能够听懂老师在课堂上讲授的新知识,能够主动地与原有知识结构中的旧知识建立起联结,做到举一反三、触类旁通。这样,儿童便能产生较高的自我效能感,儿童在课堂上听不懂、不认真听老师讲课,以及退缩、厌学等一系列的学习困难问题便能得到解决。

4. 在养成教育方面,培养儿童良好的行为习惯

美国心理学家威廉·詹姆士说过:"播下一种行为,收获一种习惯;播下一种习惯,收获一种性格;播下一种性格,收获一种命运。"所以要从儿童的日常行为习惯抓起,我们尝试从以下几个方面对案例中的学生进行良好行为习惯的养成教育:①管理时间的习惯。制定合理的学习时间安排表,并由家长、同学严格监督执行,养成按时学习的好习惯。②按时完成任务的习惯。制定具体的学习目标,目标分为两类,长期目标和短期目标。例如,这个星期要完成哪些任务,这次月考要进步多少。根据儿童的实际水平制定合理的学习目标,并根据目标完成的情况对其进行奖惩,培养儿童的有效行为习惯。③坚持完成任务的习惯。采用"小步子"学习法,根据儿童的学习能力,把学习任务从易到难进行划分,分成不同的学习任务模块,完成第一个学习任务才能进入下一个模块的学习,养成学习一步一个脚印的良好习惯。④学习认真、仔细的习惯。养成做题前先打草稿、计算正确再写

答案的良好习惯,努力做到把"平时练习当作考试",仔细、认真地对待学习。⑤自己检查作业的习惯。每次做完作业后应进行检查,学会自我管理、自主学习,不要一味地依赖别人。检查出有错误的地方,要找出原因并及时改正,争取做到下次不犯这类错误。⑥准备错题本的习惯。把自己做错的题目记录在本子上,进行订正,并写下错误的原因,对错误的原因进行分析,同时写下自己如何做才能克服该错误等。

(五)教育转化学习困难儿童的效果与反思

本案例中这位初三学生学习基础差、偏科现象严重。究其原因,首先是原生家庭给她带来的伤害,尤其是父母离婚给她带来的心理伤害,再加上与"阿姨"和"妹妹"的不良人际关系以及父亲对她的高期望,这都给她的心里造成了伤害。其次是科任教师在学生学习出现知识断环的现象时,没有及时改变授课内容和授课方式,课堂讲授的新知识超出了学生的"最近发展区",导致学生出现上课听不懂、课后作业不会做,甚至厌学、考试焦虑、自卑等现象。因此,对于学习困难儿童的教育与转化,一定要关注儿童原生家庭的实际情况、科任老师的教学情况以及儿童自身的心理素质与现状。

三、注意力不集中的"留守儿童"

(一)学习困难儿童的个人基本信息

小显是一名 11 岁的五年级男学生,个子较高,微胖。他的父母常年在外地打工,平时很少回家,只有在小显放暑假、寒假时才回来一段时间。小显和爷爷、奶奶生活在一起,日常生活、学习上的事情,无论大小均由爷爷和奶奶负责管理。小

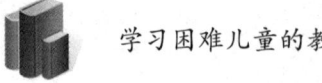

显不喜欢上学,在学校课堂上不认真听课,学习成绩很差,被老师视为差生。

(二)学习困难儿童存在的问题

通过我们在学校课堂内外的实地观察发现,小显同学的问题现象主要表现在以下几个方面。

(1)上课坐姿不端正。小显在上课时喜欢跷二郎腿,身子侧坐,后背靠在后面的桌子上,驼背而坐,并且还不停抖动。

(2)上课注意力不集中。上课时,小显同学注意力集中时间较短,爱走神,喜欢做小动作,要么不停与同桌说话,要么画自己喜欢的动物,要么东张西望,注意力不能长时间集中在课堂上。

(3)喜欢与老师顶嘴。每当老师教育小显时,他喜欢顶嘴,并且表现出不屑的样子,需要老师多次严肃强调,他才会慢慢停下手中的动作,但是并没有认真听老师的话。当老师找他出去谈话时,他很不情愿地跟着出去,站姿不标准,还会不停地抖动身子,眼睛看向别处,表现出不耐烦的样子。

(4)打架很厉害。下课时,活泼的孩子喜欢与小显一起玩耍,但大家又都比较怕他,因为他个子较高,比较壮实,打架比较厉害,出去玩时,基本上都是他带头。

(5)个人卫生习惯差。小显日常穿着的白色校服上有一些洗不掉的污渍,衣服扣子经常是打开的,衣领不整洁,还有一双稍微偏小的凉鞋,因为有点小,只能当拖鞋穿,鞋子穿了很久,外面一圈有缝补过的痕迹。

(三)儿童变成班级"差生"的成因分析

小显同学在学习上出现严重的困难现象,被班主任称为班上的学习"差生"。那么,小显如何变成了班上的学习"差生"呢? 我们根据对小显同学的实地走访调研,以及在学校课堂内外观察到的不良行为习惯,对其学习困难的成因进行了具体分析。

1.家庭教育的缺失

小显同学的父母常年在外地务工,很少回家,小显缺乏母亲的关爱与父亲的

呵护,很难感受到家庭的温暖与幸福。而小显身边又充满了爷爷奶奶的"隔辈溺爱",缺少父母的正面教导,所以,日常不良的行为习惯得不到及时纠正。此外,小显情感方面的需求经常被忽视。爷爷奶奶年纪较大,有时候顾及不到小显的某些心理感受,不能察觉他的情感变化,无法及时进行疏导,长期的负面情绪积累,使小显滋长了爱打架的不良习惯。

2. 缺乏老师的关爱

在学校里,因为小显上课注意力集中时间较短,不认真听课,成绩较差,所以被老师规为差生一类。又因为老师的教育方式不当,没有真正了解小显在课堂上表现不佳的原因,而是经常批评他,或是直接忽视他。所以,小显越来越讨厌上课,各科学习成绩较差。

3. 交友不当

因为爷爷奶奶年纪大了,对小显管理不严,没有规定小显每天待在家里的时间。所以,他经常在外面和社会上的一些小混混一起玩,受到他们的不良影响,染上了一些不良行为,再加上这些行为没有及时得到纠正,所以使他养成了不良的行为习惯。

4. 个性心理特征

小显自身意志力薄弱,自控能力较差,无上进心,对学习缺乏兴趣,天性爱玩。所以,在学习上表现出懒散、不上进,在行为上没有任何约束,我行我素,不听老师劝导。

(四)解决儿童学习注意力不集中问题的策略

为了解决小显的问题,我们和班主任进行了多次沟通,并达成共识,联手帮助小显同学克服学习上的困难,改掉其身上的不良行为习惯。我们对小显表现出来的问题的成因进行了分析,采取以下解决策略。

1. 用其所长,治其所短

在班主任选拔班干部时,小显想当体育委员,班主任让他当选成功,并给他讲

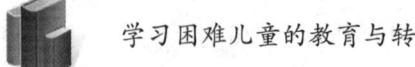

清楚体育委员的具体职责以及如何做一名合格的班干部。因为小显要履行体育委员的职责,便开始以身作则,发挥带头作用;又因为同学们怕他,在他的管理下,放学和体育课排队的秩序越来越好。小显体验到了作为一名班干部的荣誉感,这使他增强了自我效能感,提升了自我约束与自控能力。

2.抓住学生心理,因地制宜

上课时,请科任老师多关注小显,在小显驼背而坐时,老师用手势提醒全班学生:"男生如果驼背坐着上课,长大以后就会长不高,自然就不帅了。"听到这句话,小显立刻坐直了。

3.师生兼管,强化行为

针对上课时小显与同桌爱说话这一现象,请班主任老师给他换了一位品学兼优、责任心强的女同桌。同时,班主任明确告诉小显:"老师请同桌上课时替老师看管你,如果发现你有违反课堂纪律的行为,她就立刻举手报告老师。"除此之外,老师若发现小显上课走神,就用眼睛示意他,直到他反应过来认真听课为止,或是叫他起来回答问题,直到回答正确后才允许坐下,同时也让同学提醒他上课集中注意力,认真听课。一旦小显课堂行为表现好了,老师就在班上及时给予表扬。经过多次课堂规范行为的强化训练后,小显逐渐养成了良好的听课习惯。

4.适当鼓励,增长自信

虽然小显学习成绩不理想,但是我们发现他绘画画得非常好,尤其是画鸟。因此,在美术课上,老师当着全班同学的面,夸奖他绘画画得很好并鼓励他;他在课堂上回答问题时,回答正确了,便给他掌声;他在当体育委员时,将全班纪律维持得很好,便表扬他为同学们做了一个好的榜样。在老师的鼓励下,慢慢增强他的自信心,激发他学习的兴趣,让他喜欢上学习。

5.真诚相待,建立信任

下课后,我们请班主任单独找小显同学进行深层谈心。在谈话中,老师应对小显同学的不良行为现状表示理解,但也要智慧地让他明白不良行为给他带来的

影响，让他认识到自己的问题，理解老师的行为是对他的关心与重视，是对他的信任与支持，能够让他真正意识到自身问题并自愿接受老师的建议。最后，请小显说出自己的内心想法，达到听从老师教育的预期谈话目标，建立良好的互相信任的师生关系。

6.教师间加强合作，齐抓共管。学习困难儿童的教育转化，绝不仅仅是班主任个人的责任，而应该是影响这位儿童的所有老师的责任。所以，老师之间需要相互配合，如果其中一位老师对小显同学进行了严厉的批评，让他认识到自己的错误，那么，另一位老师之后就应该对其进行适当的鼓励，找出他身上的闪光点，对其优点进行表扬等。通过老师之间的相互合作，齐抓共管，便能一步步改变这位学习困难、行为习惯不良的学生。

（五）教育转化学习困难儿童的效果与反思

在老师们的共同努力下，小显在慢慢地发生变化，在学习习惯方面表现得越来越好，自控能力也越来越好，具体的行为变化表现在以下几个方面：①坐姿与站姿。现在只要每次稍微提醒，他都会端正坐好，并且能够把注意力集中到课堂上来，上课也会认真听课，但偶尔还是会走神，有时还会举手回答问题，上课也变得积极多了，会主动思考问题，不懂的问题会主动问老师。②责任心与能力。作为一名体育委员，现在不需要老师提醒，他也能履行好一名体育委员的职责，能够自觉地让同学们排好队伍上体育课；放学时，让大家排好队整齐回家。③师生关系。小显从开始的不配合、顶嘴到现在的配合、听从，表明小显同学在慢慢认同老师，认同老师说的话。从他认真听老师讲话时的神态，明显能感受到他正在努力改变自己。他变得越来越喜欢老师，开始在老师身边做一些能引起老师注意的事。比如，某次美术课，老师站在讲台上，他在黑板上把老师画得非常漂亮，细节也处理得很得当，还让老师给予评价。④学业成绩。现在的小显同学，对学习产生了浓厚的兴趣，上课认真听老师讲授知识，课后做作业也特别认真，已经不再是老师眼里的学习"差生"了。

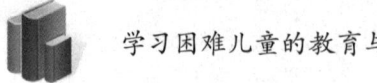

著名教育家陈鹤琴老先生说过："没有教不好的学生，只有不会教的老师。"如果在教学过程中遇到困难，学生没有取得自己期望的进步，教师应反思自己做得不够好的地方，及时总结经验，改进教学方法，选择更适合、有效的教学方法和策略，从而达到教育目的。

四、不爱写字、遇难题发脾气的学生

(一)学习困难儿童的个人基本信息

小旭是一名性格外向、开朗，有礼貌的男孩子，生活在一个完整的普通家庭里。父亲是个生意人，平常较忙，很少在家陪孩子，也不太关心孩子的学习，但对孩子的成绩要求较高，一旦孩子出现学业问题，就会严厉批评。母亲是一位家庭主妇，主要负责接送孩子上下学和饮食起居，通过报辅导班，让老师来辅导孩子的学习。母亲对孩子的期望也较高，孩子调皮或者不好好学习时会大声呵斥，恨铁不成钢，甚至直接拿书包丢孩子或者打骂孩子，过后母亲又会后悔地落泪。

(二)学习困难儿童存在的问题

小旭的学习困难问题主要表现在以下两个方面：一是非常不愿意写字，写字时，在纸上一笔一画写得很重，写了十多个字后就双手抱头趴在桌子上生气，对他来说，写字似乎是一件非常痛苦的事情；二是做题时，一旦遇到难题或者做错题就会发脾气，用笔在桌子上不停地敲击，发出怪声，跺脚或者甩笔，作业也不想做了。小旭的这种学习状态直接导致他基础知识学得不扎实，影响了他的正常学习，成为了班上的学习差生。

(三)儿童不爱写字、遇到难题发脾气的成因分析

为帮助小旭解决他的学习困难问题，我们对他的家庭情况以及他在学校的学

习情况、师生关系等进行了翔实的了解,对其不爱写字、遇难题发脾气问题的成因分析如下。

1. 父母对其期望过高,管教过严

从家庭情况来看,小旭的父母亲不善于与孩子沟通,平常对他的关心较少。但是,父母亲对他的学业要求很高,一旦在学习上出现错误就会严厉批评。这种对孩子的高期望与严厉的管教无疑给孩子造成无形的心理压力,形成矛盾与冲突。所以,孩子不敢让父母知道自己的缺点,往往尽可能以一个优秀孩子的形象出现在父母面前,期望得到父母的表扬,这使他在生活和学习上一旦犯错误就不敢面对,甚至逃避。

2. 生活单一,缺乏磨炼

从小旭的日常活动来看,他每天除了上下学就是去辅导班写作业,平时就是练练球,周末去辅导班写作业。所以,小旭的活动空间较小,生活单一,导致其对学习产生抵触情绪,尤其是对写字。通过与小旭访谈之后得知,他只想通过这些活动把时间占满,自己并没有奋斗目标,只是简单机械地、不需要付出努力地做着这些事,因而也就谈不上意志力与坚韧等心理品质的锻炼了,这也是小旭遇到困难或者学习问题时,会发脾气、逃避困难的原因之一。

3. 自控力差,不肯努力

从小旭自身来看,他期望自己学习成绩好,能得到家长和老师的肯定,但是他难以控制自己的行为,又不肯努力学习。例如,在学校的课堂上既有积极回答老师问题的一面,也有淘气与其他同学说话、做小动作的一面。学校作业完成的较粗糙,字迹非常潦草,粗心大意,容易做错题。

(四)解决儿童不爱写字、遇到难题发脾气的策略

通过以上对小旭学习困难成因的分析,我们发现造成小旭学习效果不佳的原因是多方面的因素相互影响的结果。所以,为了有效地解决小旭的学习困难问题,我们从家庭教育、家校合作、澄清心理认知、树立学习榜样以及改善学习方法

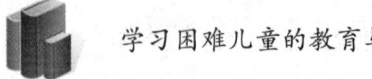

等方面着手，提出以下解决策略。

1. 家庭教育，科学育儿

从家庭教育入手，改变家庭教育环境和教育方式。建议父母多从孩子的角度看待问题，多与孩子沟通，关心孩子；建议父亲多陪孩子活动，与孩子更亲近一些；允许孩子犯错，而不是一味地批评孩子，这样只会强化孩子的负面情绪，使孩子遇事时退缩；建议每个星期给孩子一些自由时间，让孩子可以去做自己感兴趣的事情。

2. 家校合作，相互沟通

建议母亲与任课老师多沟通，向老师了解孩子在学校的表现以及告诉老师孩子在家里的表现，期望老师在课堂多关注孩子，比如，在课堂上给予孩子表现的机会，并适时给予表扬，让孩子获得学习的自信心以及对学习的兴趣。

3. 澄清心理认知，消除惧怕心理

告诉孩子人人都会犯错，失败乃成功之母，不要害怕犯错误、做错题，要勇于面对学习上的错误，并且能够及时改正错误，这样才是正确的做法，让孩子从心里对"犯错误"有一个正面的认识，消除惧怕"犯错"的心理，培养孩子的自信心与面对困难的勇气。

4. 树立学习榜样，体验成功情绪

通过讲述伟大的发明家爱迪生先生经历1000多次的实验失败后仍不放弃，最终发明了电灯的故事，为孩子树立学习榜样，强化孩子在困难面前不退缩的心理，培养其坚持不懈直到取得成功的信念。除此之外，给孩子创造体验成功的机会，在孩子做题时，一旦做对了，及时给予肯定和表扬，让孩子体验学习成功的喜悦，产生自我效能感。培养孩子做错题时不惧怕的心理，鼓励孩子寻找做错的原因。

5. 改善学习方法，确保正确有效

改善学习方法主要体现在英语单词的记忆、课文的朗读及做题的策略上。记忆英语单词时,老师要引导孩子通过音(自然拼读)、形(拼写)、义(中英互译)学习和记忆单词,通过单词的归类加深和巩固识记的单词;朗读课文时,引导孩子通过模仿点读笔的音调读课文,提升其学习兴趣;做考试题时,引导孩子先读题目再做题,了解题意再下笔。

(五)教育转化学习困难儿童的效果与反思

在家长和学校老师的共同努力下,通过一年的教育与转化,小旭发生了很大的变化。他从最初的不愿意写字、不认真做题、做错题就想逃避的孩子,已经转变为一个"我"要做好,"我"愿意纠正错误的有坚强意志的孩子。在对英语的学习上有了自信心,考试成绩也有所提升,英语老师选他当班里的英语科代表。小旭认为自己现在最擅长的科目就是英语,并且希望自己的学习能够一直取得进步。

五、英语学习成绩差的"刻苦生"

(一)学习困难儿童的个人基本信息

刘怡(化名)是一名智商正常、性格内向的女生。父亲是普通职员,母亲是家庭主妇。平常父母对刘怡的学习非常关心,带给她的压力很大。刘怡的数学和语文成绩较好,英语成绩非常不好。虽然她平时学习英语很用功,可学习成绩就是提升不上去。所以,刘怡经常眼神无光,情绪也时常处于低落状态,总是郁郁寡欢。

(二)学习困难儿童存在的问题

刘怡同学的学习困难问题主要表现在以下两个方面。

一是平时学习很用功,学习成绩就是提升不上去。在家写作业的时间很长,英语单词抄写好几遍就是记不住,考试的时候依然不会做题,考试成绩也提升不上去。所以,她总是愁眉苦脸,觉得很压抑。

二是英语词汇记不住,做英语习题时困难重重。在学习英语的过程中,刘怡同学从记忆词汇开始就存在困难,利用抄写以及多种方法进行背诵,依然不能很好地掌握单词,导致其在做英语习题时困难重重。

在对刘怡同学的访谈中得知,她知道学好英语很重要,也很想把英语学好,觉得自己很用功,并不比别人笨,但是就是学不好。都说付出就会有回报,她困惑为什么自己付出这么多努力却收获不到好成绩,背单词的效率很低并且效果也不好。因此,刘怡同学对英语学习失去了信心和耐心。

(三)儿童英语学习成绩差的成因分析

众所周知,好的学习方法和学习策略可以对学习产生事半功倍的效果,反之,则会对学习造成消极的负面影响。有研究结果表明,学习优秀的学生比学习困难的学生更善于运用学习策略,且他们可以用不同种类的策略帮助自身的学习。在英语词汇的学习上,英语学习优秀的学生倾向于通过上下文学单词,但英语学习困难的学生则对此毫无兴趣,且不善于把新单词和已学单词联系起来记忆;英语学习优秀的学生常根据自己的学习经验,使自己在策略的使用上更加有效,而英语学习困难的学生则不然。

从刘怡同学的英语学习困难现象可以看出,造成她英语学习困难的原因在于以下几个方面。

1.学习策略的应用问题

刘怡同学的英语学习策略出现了问题,对英语单词总是死记硬背,没有正确的学习方法和记忆策略。在学校的教学中,教师只是单纯地教给孩子英语知识,并没有教授很好的学习方法和策略。

2.学习心态的问题

刘怡同学的自尊心强,心理压力过大,没有形成良好的学习心态。除了家长给予孩子过高的期望和考高分的成绩压力外,也担心别人说她费这么大力气也学不好,不如不学等因素,这使她在成绩不好时总是郁郁寡欢,产生了很大的心理压力。

3.学习失去信心和耐心

在学习英语的过程中,她从记忆词汇开始就存在困难,利用抄写以及多种方法进行背诵也不能很好地掌握单词,导致她在做英语习题时困难重重。她觉得自己不比别人笨,但就是学不好。因此,在这种心理的影响下,她对英语学习失去信心和耐心。

(四)解决儿童英语学习困难的策略

刘怡同学对英语学习有动力,愿意学、想学好,只是缺少一定的学习策略和方法,又因努力刻苦学习却得不到收获而伴有轻度的焦虑情绪。所以,我们解决刘怡同学学习困难问题的策略主要有以下两个方面。

1.正确记忆英语词汇的策略和方法

在记忆英语词汇方面,主要辅导刘怡同学使用正确的记忆方法背单词,把单词进行归类记忆,利用构词法记忆较复杂的单词,利用思维导图进行梳理背诵。具体的教育转化实施过程如下。

第一步,发现刘怡同学不正确的学习方法。在刘怡同学的学习过程中,发现她不停地抄写单词,很少真正停下来思考单词的意思和用法。表面上看起来学习很用功、抄写很认真,实际上学习的英语单词并没有进到她脑子里去,只是单纯地"照葫芦画瓢"。背单词的时候也是死记硬背,不得其法,同时,她也没有课前预习、课后复习的习惯,学习效率很低。

第二步,针对刘怡同学不正确的学习方法,进行教育纠正,并教给她正确的学习策略。刘怡同学不会主动预习课文和单词,所以给她布置预习作业,到下次上课时,老师要求检查她预习的情况。坚持一个月以后,她渐渐地养成了课前预习的良好习惯。

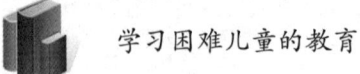

　　第三步,解决刘怡同学在学习单词上的策略问题。在学习单词时,她总是死记硬背,花费的时间多并且起不到良好的效果。所以,需要教给她一些学习、记忆单词的策略。可以采取的策略是,将同类型的英语单词放在一起进行记忆,同时还可以运用一些联想的方法。例如,color、red、green、yellow,这些都是表示颜色的词。color 是颜色的意思,从读音上可以联想到方言"咔了"(意思是倒掉、扔掉),想象扔垃圾的时候各种颜色的垃圾都出来了,就很容易记住 color 是"颜色"的意思。然而,red、green、yellow 都是各种 color,就很容易记住这三个单词是表示颜色的词。那么它们分别是什么意思,又该如何记忆呢? red 谐音"红的",green谐音"好绿",yellow 谐音"叶落",叶子变黄了才会叶落,所以很容易地又将这三个表示颜色的词记住了。除此之外,再教给她词汇的构成法,通过转化、派生、前缀、后缀等帮助其记忆单词。

　　第四步,养成记录英语单词的良好习惯。准备一个记单词的小本子,把每天学习的新单词记录下来,并且尽可能地联想和这些新单词同类或者相关的以前学过的单词。一开始可以不用一次联想很多,每次翻看的时候随时想到,随时补充。在刚开始使用这个方法时,为了让刘怡同学养成习惯,每隔两天就请老师检查她的单词本,同时,在学习过程中给她渗透其他的学习策略。

　　第五步,思维导图方法的有效应用。当刘怡同学有了一定的单词积累量之后,老师就可以教她使用思维导图的方法记忆英语单词,同时,在一定程度上也可以帮助刘怡同学利用思维导图的方式学习语法知识,利用思维导图发散性地记忆语法和句型结构。例如,时态的记忆,一般现在时分为三支主干,分别为概念、be动词的句型结构和实义动词的句型结构,再由此衍生 be 动词的肯定句结构、否定句结构和疑问句结构,以此类推形成一个思维导图。利用这种方法把语法知识全部串联起来。这样刘怡同学不仅积累了词汇,也学习了语法结构。掌握了这种学习方法之后,形成新的学习习惯,也可运用于其他学科的学习中。

2.缓解不良的焦虑情绪

刘怡同学的自尊心强,心理压力大,并且伴有轻度的焦虑情绪,在对她的学习方法和策略进行教育转化的过程中,同时也要及时疏导她的不良情绪,具体操作过程如下。

一方面,在学习过程中,一旦发现刘怡同学有进步的时候,就立刻给予她鼓励,并表达相信她能做得更好的期望。家长和老师在有时间的时候,要多找她聊聊天、谈谈心,告诉她不要过于担心和在乎别人的眼光和看法,做好自己才是最重要的。让她清楚地认识到,虽然学好英语很重要,但这不是急于求成的过程,是需要慢慢积累,不断学习和提高的过程,并明确告诉刘怡同学,只要在学习英语时掌握正确的学习方法,养成良好的学习习惯,就会事半功倍,所以不要给自己太大的压力。只要每天有一点点的进步,积累起来就是很大的进步,要相信自己,坚持下去。

另一方面,教给刘怡同学放松训练的方法,帮助她放松身体和舒缓心理压力,同时跟刘怡同学的妈妈进行沟通,希望她在平时的生活中不要给孩子过多的压力,当她受挫时多给予她鼓励,多理解和支持她,尽可能给孩子创造一个舒适平和的健康环境。

(五)教育转化学习困难儿童的效果与反思

案例中的刘怡同学是一位想要把英语学好的学生,却苦于没有获得正确的学习方法与策略。因此,解决她在英语学习上的困难就是教给她学习和记忆单词的策略,使她因获得学习上的成功体验而产生较高的自我效能感,消除焦虑情绪。经过一段时间的教育转化之后,刘怡已经逐渐掌握学习的方法和策略,能做到课前预习,在上课的时候能主动向老师提出不明白的地方。在单词的学习和记忆上,她说道:"我觉得学英语也没有那么枯燥了,以前总觉得我那么用功,为什么还是学不好英语,觉得很沮丧。现在才知道,原来我以前都是在死记硬背。现在我背单词也不像以前那样死记了,只要掌握了方法,我觉得背单词并不是那么困难

的事情了。"在阅读方面,刘怡同学基本上可以读懂文章的大意,词汇量比以前增加了很多。刘怡同学的母亲也反映刘怡同学在家里学习英语的效率提高了,不再像之前那样总是不停地抄写单词,也没什么效果。再加上对刘怡同学心理上的辅导,她的心情也逐渐有了好转,美丽的笑容时常挂在嘴边,精神状态也好了很多……我们相信,刘怡同学以后一定会成为一名优秀学生。

六、语文写作困难的学生

(一)学习困难儿童的个人基本信息

张兰是一名小学三年级的女学生,生活在一个幸福美满的家庭。父亲经商,母亲是一位全职太太,她还有一个妹妹,母亲负责照顾她们。父母对两个女儿都很疼爱,有时候还有一点溺爱。张兰平时活泼、爱动,很讨人喜欢。一般情况下写作业很积极,但有一项作业却令张兰很头疼,那就是语文课写作文。

(二)学习困难儿童存在的问题

张兰的学习困难问题是语文写作的问题,主要表现在以下几个方面。

(1)语文写作成绩差。父母给她买了很多作文书,但她很少看,只有在写作文的时候才会翻看。她不知道如何写作文,语文的小考和期中考,作文满分30分,她的作文成绩被扣掉25分,语文成绩排名为班级倒数。

(2)语文写作语言干瘪。张兰的作文从来都是简单的几句话,缺少变通。作文范式基本一致,开篇大多是"今天星期几",或是"我有一个什么"之类的话,缺少新意。下面是张兰同学的一篇作文。

我最喜欢吃的水果

　　我最喜欢吃的水果是西瓜,西瓜是圆的,里面是红色的,可好吃了,我最喜欢吃西瓜了。

　　(3)语文写作耗时多。张兰同学在写作文时,总是皱着眉头,眼睛注视前方,有时候二十分钟过去了,她还是不知道如何写;有时候开头写了几句话,就又停笔了,进入思考状态,过了很长时间,才开始写。就这样反反复复,一篇作文还是不能完整地写出来。

(三)儿童语文写作困难的成因分析

　　根据认知心理学的定义,写作是一种有目的的信息加工过程。在此过程中,笔者试图将他们的情感与思想用可见、能辨认并能被人读懂的文字表达出来。写作的这种复杂性,导致不会写作的学生不在少数,很多学生都存在无话可说、无话可写的现象。

　　研究结果表明,学生写作文的困难现象主要有两种:一是无从下手,不知道写什么,脑袋里没有相关信息可以提取;二是表面上在不停地写,但写作方法、内容的组织不正确、不合理。这种作文写作困难现象不是因为学生字、词、句储备不足,而是不会谋篇布局,不知如何构思。例如,写作时"记流水账""不能展开写",还有"虎头蛇尾""详略不当"等。

　　张兰语文写作困难,写作时语言干瘪,并且完成写作耗时多。针对这些语文写作的困难现象,我们进行了成因分析,具体阐述如下。

　　1.教师教学内容超出了学生的"最近发展区"

　　根据《语文课程标准》的要求,小学1～2年级的写作目标是激发学生写作的兴趣,让学生乐于书写。写自己想说的话,写自己的认识、感想和想象中的事物;运用阅读和观察中的词语写作;学会使用逗号、句号、问号和感叹号。小学3～6年级的写作目标是培养写作的兴趣,留心周围的事物,使学生乐于表达,增强写作

的自信心;懂得自我表达和与人交流;观察周围事物,能写自己的独特感受和想象中的事物;写出自己印象最深、最受感动的内容等。依据以上教学目标,张兰同学的现有写作水平只达到了1～2年级写作目标的水平。但是老师讲如何描写人物、如何描写校园生活、如何描写景物等时,超出了学生现有的写作水平,即学生的"最近发展区",导致学生每次写作文,都不知道如何写,而老师也没有注意到这名学生的写作困难问题,导致她越来越跟不上老师的写作要求,出现了严重的写作困难现象。

2.教师对学生的评价单一,伤害了学生的自尊心

张兰同学语文的小考和期中考的作文满分是30分,她的作文成绩就被扣掉25分,成绩排名为班级倒数几名,所以语文老师不喜欢她。老师不经意间的某一句话或者某一个眼神,严重地伤害了孩子的自尊心。当下受应试教育的直接影响,教师在给学生评价时,未能给出恰当的评价。很多老师在评价学生时往往存在一个误区,即以学生成绩评价一个学生是否优秀。完全放弃了以发展的眼光从学生的能力、情感、意志、个性等方面全面客观地进行评价,这既不利于学生的全面发展,也是造成学生学习困难的一个主要原因。所以说,作为一名人民教师,应该爱护每一位学生,善于发现他们的闪光点,对每位学生怀有积极的期望,帮助他们健康成长。

3.师生关系不佳,缺乏语文学习兴趣

张兰同学对语文写作缺乏兴趣,一碰到语文写作就很反感。笔者和她就"为什么不喜欢语文写作"这个问题进行了个人访谈。张兰同学对语文老师的评价访谈记录如下。

"语文老师很烦、很啰嗦,在默写生字的过程中,还要在那里说一大堆话。"

"语文老师爱要课,比如上信息技术课,就要过来讲语文。"

"语文老师很凶,不像英语老师那么温柔。"

"语文老师留很多作业,而且占用下课时间,导致同学们都没有时间去上洗手

间。"

"趁学生记笔记时,语文老师在课上玩手机,并且有时候上课接电话。"

由此可见,张兰同学对语文老师的评价不高,不喜欢语文老师。不仅如此,语文老师对张兰同学的影响,严重抑制了她对语文课的学习兴趣。

4.家庭教育不当,缺乏安全感

不良的家庭教育环境是造成学生产生学习困难问题的一个主要原因。家长往往将自己的意志和愿望强加在孩子身上,却不考虑孩子的兴趣、爱好与实际能力,这就造成孩子心理发育机制缺陷。张兰同学的父母对她的期望很高,给她买了很多作文书,希望她能提高作文成绩。但是,她并不喜欢看作文书,每次都是迫于父母的压力,被动地进行阅读。除此之外,她发现父母监视她的学习情况,所以每次她都把窗帘拉起来,这种做法已经给孩子的心理造成了极大的不安。

5.写作能力低,缺乏写作技巧

写作能力低表现在:首先是缺少生动的语言表达。张兰同学的书写过程占用了很多记忆资源,这在写作中阻碍了她思维的流畅性。在写作文的时候,每次都不能按照要求写满字数,并且句子混乱无序,上下句之间往往毫无关联。即使写出来,也缺少生动的语言表达。其次是缺乏将内部语言转化为外部语言的能力。内部语言是大脑思维的信息符号系统。外部语言是人与人之间进行信息交换的音义结合的信息符号系统。内部语言活动以外部语言为基础,并以生成外部语言为结果。有时候,张兰同学也能够流畅地写下几篇作文,但是她却不能将内部语言生动、形象地转化为外部语言。词汇贫乏,写作缺少组织性,作文中有许多无关信息,为了追求速度与进程,随意堆砌辞藻,生搬硬套,因此整篇文章质量较差。

6.学习目标不明确,缺乏学习动机

张兰同学自身没有明确的学习目标,并且对写作不感兴趣,只是在被动地学习和写作文。她并没有发现写作给自己带来的好处,有时候会带有负面情绪,盯着题目不写、眼神愤怒等,逐渐表现出学习动机缺乏、情绪不稳定、写作持续时间

短等不良现象。在学习中,学习动机不足会直接影响学习效果,学习成绩差会形成学习动机不良,使学生产生厌恶的学业情绪。所以,学习目标不明确,缺乏学习动机是造成张兰同学产生写作困难的主要原因之一。

(四)解决儿童语文写作困难的策略

通过对案例中这位语文写作困难学生的困难成因进行分析,我们认为要从以下三个方面进行教育与转化。

1. 培养学习兴趣,激发学习动机

针对儿童不喜欢读书,也不喜欢写字的问题,采取的首要措施是培养孩子阅读的兴趣。开展"同读一本作文书"的主题活动。请大人和孩子一起阅读一本作文书,鼓励孩子以自己喜欢的方式进行阅读。与此同时,进行小小的阅读比赛,比一比,看谁读得有感情,根据作文内容相互提问,看谁回答得又快又对,以此培养孩子的阅读兴趣。其次是要恰当地鼓励、表扬儿童。盖杰和伯令纳曾经在他们合著的《教育心理学》一书中指出:"表扬是一种最廉价、最易于使用,且最有效,但也是最容易被忽视的激发学生学习动机的办法。"所以,在阅读作文书的过程中,可以对其进行阅读理解的训练与评价。每当完成了阅读目标时,就奖励给她一朵玫瑰花之类的小奖品予以表扬;当阅读理解正确,能弄清作文的中心思想时,就给予她积极的评价与表扬,使孩子可以及时地体会到成功的喜悦,从而产生主动学习的内在动力,激发其学习动机。

2. 发现闪光点,增强自信心

我们发现,凡是学习困难的学生一般都比较缺少自信心,经常找不出自身的优点。例如有一次,老师布置了一篇作文,写对自己的认识,包括缺点和优点。结果,案例中的儿童说:"老师,我不知道自己身上有什么优点?"所以,儿童身边的成年人一定要用欣赏的眼光去看待儿童。同时,还要肯定地告诉孩子,她身上有哪些闪光点,增强孩子的自信心。对于儿童的教育,应该坚持"多表扬、多鼓励、少批评、少责备"的原则。

3.进行写作训练,提高写作能力

案例中儿童的写作能力水平较差,要提高她的写作能力,就要进行写作训练。

首先,每次在正式写作文之前,引导张兰同学构建作文框架。

其次,帮助她制定"思维清单"。在写作内容上,辅导老师会给张兰同学一些提示,帮助她将这些写人、写事、写景等方面的观点重组在一起。例如,作文题目是《我们的老师》,写作要求是写你最喜欢的老师,写这位老师最值得你赞赏和学习的特点或品质。张兰同学拿到这个作文题目,根本不知道如何下笔,从哪些方面着手,因为张兰同学没有观察过老师,对老师的印象只是停留在有限的几个方面,比如老师很温柔、老师长得漂亮等,但是她又认为这几个方面达不到三百字的作文要求。因此,在进行写作之前,老师通过讲解启发张兰同学,帮助她建立写作框架(见表 4-1)。

表 4-1 《我们的老师》写作框架表

1. 要写谁? 她怎么想? 我怎么想?	1. 谁:我们的李老师
	2. 初步印象:不如妈妈打扮得漂亮
	3. 怎么想:还是觉得老师很可爱
2. 回答前边提出的: 为什么可爱 (1) (2) (3)	1. 和我们一起玩老鹰捉小鸡,给我们出主意、当裁判
	2. 老师很朴素, 老师讲课很好, 我们都爱听她的课
	3. 老师很能干
3. 所以…… (扣题)	1. 我爱我们的老师
	2. 长大了我要像她一样

张兰同学在上述原型知识的启发下,加工产生此次作文需要的具体知识,以填补作文顿悟必需的知识"缺口"。这个产生新知识的过程,既容易进行又因张兰同学以前没有运用过,所以,她的大脑容易进入灵感状态。这种训练持续了一个多月,取得了非常显著的效果,现在张兰同学已经知道如何去描写人物了。下面这篇文章便是张兰同学通过作文框架建构的方法写的一篇作文。

《我们的老师》

我们班的李老师很年轻,也很朴素。有一次,我听到妈妈和几位阿姨说我们的老师长得不漂亮,我心里不好受,我觉得我们老师最漂亮了。

老师对我们很好,经常和我们一起玩。经常在下课时来到我们中间,帮我们出主意、当裁判,和我们一起玩老鹰捉小鸡的游戏。

我们老师讲课可好了,我很喜欢上她的课。

我长大了一定要像李老师一样,又朴素、又漂亮、又能干,还爱和同学们一起玩。

刚刚看完的这篇作文《我们的老师》和三个月前的作文《我最喜欢吃的水果》相比,可以看出张兰同学的写作水平进步很大。

最后,结合其写作结果进行写作训练。训练环节主要分为三个步骤。

(1)范文仿写。范文仿写的步骤主要有以下几个方面:句型仿写,对范文的句子进行仿写;结构仿写,学习范文中的写作方式;综合性仿写,对几篇范文进行综合性模仿;初创型仿写,在借鉴仿写范文的基础上,能够将自己的真情实感写出来。

(2)在仿写中给予学生指导。给出范文,并加以详细指导与启发;提供可参考的范文,辅导老师做适当的指导,不做详细分析,让学生从中获取启发;只提要求,学生自选范文,辅导老师一般在必要时才进行指导。

(3)辅导老师从学生的写作态度方面进行矫正。培养其说"真话、实话、心里话",而不是说"空话、假话、套话"。老师要在指出儿童作文的问题之前,找到作文的"闪光点",给予充分的肯定与鼓励,以便激发学生的写作兴趣。

(五)教育转化学习困难儿童的效果与反思

虽然写作不是在短时间内就能够学会的,但是张兰同学在这三个月中的成长,由原来写作文语言贫瘠、空洞无物变成现在能够独立完成一篇三百字的小作文,并且老师还能够在作文中找到优美的语句。这对于张兰同学来说已经是一个巨大的进步了,并且张兰同学的进步还在继续。我们坚信,随着时间的推移,孩子会越来越好、越来越优秀。

通过这个案例,我们深刻地认识到,在转化学习困难儿童时最重要的是给他们提供一个适合他们成长的生活环境,注意对待他们的态度,无论是家长还是学校老师,都应该关心学习困难儿童,积极地想办法帮助这些儿童,让他们自愿地改变自己。相信在大家共同的努力下,学习困难儿童会越来越少。

七、完成数学作业很费劲的学生

(一)学习困难儿童的个人基本信息

小烨是一名小学二年级的女学生,性格开朗、外向,喜欢唱歌、跳舞,喜欢与人交朋友。在老师眼里是一个听话、有礼貌、乐于助人、有责任心的好孩子。她从小生活在一个五口之家的环境中,长辈对她照顾得无微不至,还有些溺爱。她的成绩在班里一直都很好,唯独在学习数学的态度和表现上,让老师和父母担忧。

(二)学习困难儿童存在的问题

小烨的学习困难现象主要表现在完成数学作业很费劲,有时候还会发脾气,不想完成数学作业,甚至会用哭闹的方式解决问题。

在数学课上的表现非常不积极,一提到学习数学、写数学作业,她内心就会反感,推脱学习。完成数学作业的速度非常慢,有时候写到一半就不想写了,或者以不会写为借口,推脱写作业,直到给她讲解、给她答案,她才会写作业。

除此之外,小烨在学习数学遇到困难时,通常表现出懒惰、逆反、畏惧和焦虑等心理特征。

(三)儿童完成数学作业很费劲的成因分析

小烨在数学学科上表现出的困难现象,其成因是多方面的。以下从教师的教学、父母的教育以及学生的课堂学习三个方面对其完成数学作业困难的现象进行成因分析。

1. 教师的教学

在对小烨数学老师上课时进行听课,我们发现数学老师上课教授的知识有些过多。对于小学二年级的孩子来说,他们对新知识的接受能力有限。有些学生还没有弄清楚老师刚刚讲的新知识,老师就接着讲解下一道题。而小烨在数学课上理解知识较慢,有的时候跟不上老师的讲课进度,所以就不愿认真听课了,这导致她的数学知识出现断层现象。学生的知识结构一旦出现断层,学生的新旧知识构建就出现问题,无法产生心理意义。于是,学生就会表现出学习兴趣逐渐降低、学习动力不足、上课注意力不集中等现象。这些不良学习现象会对学生的学习带来极大的负面影响,进而影响学生学习的积极性与主动性,出现一提到学习数学、写作业,学生内心就比较反感、推脱学习等现象。

2. 父母的教育

常言道,家庭是儿童的第一所学校,父母是儿童的第一任老师。父母对儿童的教育是非常重要的,直接影响儿童的学习好坏。下面我们一起谈谈小烨父母的育儿方式及其对小烨的影响。小烨的父母由于平时工作繁忙,所以对她的作业辅导缺少耐心,甚至有时候还会对她发脾气。事实上,小烨回到家还是能主动写作业的,每次都能自己完成语文作业。但是,她的数学作业的完成就特别费劲,一遇到难题,就喊爸爸、妈妈帮忙解决。

那么,小烨的父母是如何帮助她解决问题的呢?

当小烨遇到数学难题问父母时,父母没有给她仔细讲解,而是直接说出答案,

甚至出现帮忙写作业的现象。通过与小烨及其父母的访谈,我们发现,小烨的父母在辅导她作业的时候缺少耐心,很爱发脾气,有时候还会斥责她:"你怎么这么笨呢?"所以,父母对小烨的不当教育方式,直接导致小烨在做数学作业时,总是没有信心独立完成数学作业,喜欢依赖家长给出现成的答案,使其在思维上产生了惰性,数学作业的完成越来越费劲,学习数学的困难现象越来越严重。

3.学生的课堂学习

课堂学习是学生在校学习的基本形式,学生在校学习的大部分时间是在教室里进行的。学生大部分知识的获得都是通过听老师的讲课而获取的。课堂学习是学生获取知识的主要来源,听课是学生掌握知识、理解知识、增长知识、接受知识的重要环节和途径。在课堂上,学生不仅可以听到老师对知识的精心讲解,还可以学到老师分析问题、解决问题的方法,并通过课堂练习,使所学知识得以巩固。课堂学习效率的高低,对学生学习成绩的优劣起着决定性的影响。

由此不难发现,要想学习好,首先必须抓好学生的课堂听课。然而,小烨同学在数学课上,因出现了严重的知识断环现象,听不懂老师讲的课,所以长期听课注意力不集中。正如她所说:"老师讲的课有时候听不太明白,就选择性地不听了。"这样一来,小烨同学在数学课堂上的听课效果不佳,课堂的学习效率非常低,课堂上知识的收获甚微,造成了她学习数学困难,数学成绩比较差的现象。

(四)解决儿童数学学习困难的策略

依据小烨同学学习数学困难、数学成绩比较差、完成数学作业费劲等困难现象的原因分析结果,提出以下解决策略。

1.开展趣味教学,激发学生的学习兴趣

课堂教学是学校最基本的教学形式,是一种有组织、有领导的师生双边活动。教师在教学过程中,不仅传授知识,还必须进行课堂的组织管理工作。在课堂上,教师要吸引学生的注意力,激发学生的学习兴趣,促使其积极地参与课堂学习活动,为其营造愉快、和谐的课堂氛围,充分发挥学生的聪明才智。如果课堂教学缺少趣味性,就会降低教学内容对学生的吸引力,学生在课堂上就会分心,出现课堂违纪行为。所以,要开展游戏式教学,激发学生学习的兴趣与热情,提高学生课堂学习的参与度,使其在数学教学活动或游戏中学习数学知识,体验学习数学的乐趣。不仅老师要做到培养儿童的学习兴趣,家长也要培养儿童的学习兴趣。例如,家长可以每天与孩子进行数字游戏,可以模拟去商场买零食,进行钱的运算等,慢慢减少数学学习中的枯燥感、无趣感,让儿童成为学习的主人。同时,通过多元化的教学方式,激发儿童学习的主动性和参与度,逐渐克服其懒惰心理,把"要我学"变为"我要学"。

2.建立新旧知识的联结,对新知识产生心理意义

根据奥苏贝尔的有意义接受学习理论,教师应帮助学生将原有知识与新知识建立联结,应注意提示学生回忆和巩固原有知识,帮助学生在原有认知结构中找到相关的知识并使之处于激活状态。这对小学生来说有一定难度。因此,教师在进行教学设计的初期,需在对教学任务科学分析的基础上,准确把握新学内容的关键,并用逆向设问法,反复提问并回答下面的问题:学生要掌握这一学习内容需要预先具备哪些知识? 一直分析到学生的原有知识为止。把这个知识作为新课前的复习内容,然后呈现新知识,并注意把语言文字的描述与直观形象材料的呈现结合起来,注意新旧知识的内在联系,促进新知识的理解、学习与掌握。使学生学习新知识后取得举一反三、触类旁通的学习效果。

3.采用心理激励,调动学生的学习积极性

教师在课堂上对学生的表扬,能够在很大程度上增强学生的自信心与自我效能感。通过采用心理激励法,强化学生的自信心,激发学生学习数学的兴趣,调动其学习积极性。每个学生都想在课堂上表现自己,体验成功,根据这一心理特点,教师应该灵活运用心理激励,最大限度地调动学生学习的积极性,尤其是学困生。课堂上提问学困生是一种很好的心理激励方法。当学困生在学习中遇到困难时,最渴望得到教师的理解和帮助,所以教师要做到以下两点:一是教师要恰当地依

据学生课堂表现给予激励,培养学生的自信心,弥补其能力上的不足。二是教师要采用灵活的提问方式,给予学困生课堂表现的机会,激发其学习的热情和学习的积极性。

除此之外,家长要有更多的耐心和鼓励,不能说"你怎么这么笨"之类的话语,家长的教育方式不当会给孩子心中留下阴影。家长要经常鼓励孩子,给孩子创造一个积极、充满正能量的家庭环境。

总之,对于学困生的教学,要多表扬、鼓励,少批评、指责,激励学生以积极向上的心理状态学习,让其体验成功,产生自我效能感。

4.端正学生数学学习态度,改正不良学习习惯

态度是个人对一类事物持有的基本看法,而这种看法是在个人的成长过程中逐渐形成的。学生对数学的看法和态度实实在在地影响他在数学学习中对认知材料的选取,使用的认知方式以及对学习结果的评价。所以,学生应该端正自己的学习态度,在课堂学习过程中遇到听不懂的知识时,把它们记下来,课后跟老师讨论;回家做作业时,独立完成,不会的地方多思考,不能一直依赖父母的讲解,要锻炼自己独立分析问题的能力。尤其是课后写作业的环节特别重要,写作业是学会独立思考、独立解决问题的关键环节,通过写作业,学生从内心接受问题的复杂性,对数学产生感情,努力培养自身解决难题的毅力和耐力,明白逃避是解决不了任何问题的,只有面对和解决问题才能克服对数学学习的恐惧心理。所以学生要积极克服退缩、依赖的心理,养成主动学习数学、积极获取数学知识的良好学习习惯。

(五)教育转化学习困难儿童的效果与反思

通过对小烨同学的教育与转化,老师和父母都认为她在学习态度和行为上有了很大的改变,主要表现如下。

小烨同学的老师对她说道:"你在数学学习上有了很大进步,老师真为你高兴。这学期,你的作业能按时完成了,偶尔也能在课堂上积极举手发言了。在上

进心的驱使下,你终于能'悬崖勒马',知道数学学习的方法了。老师认为,你的进步离不开自己的努力。一个不怕苦、不怕累的人才能学到真本领,老师为你的进步感到高兴和骄傲。"

小烨同学的母亲对她说道:"最近,妈妈看到了你的努力,你认真学习、认真书写,改正了'张口就问'的坏习惯,学会了自己分析问题,同时,妈妈、爸爸也要向你学习,改正自己的不足,以后不对你发脾气,经常陪伴你,给予你温暖的力量!谢谢你,做个认真细心的好孩子,那么多的老师和同学们都喜欢你。"

总之,小烨同学的学习困难现象是由多方面的原因造成的。在教育转化之前,小烨同学从老师那里得不到成功的体验,长期处于对自己的怀疑中;在家里,家长对她长期放任、不管不顾,也没有耐心指导她的作业,对她经常发脾气;小烨同学自身也不爱动脑、不爱思考。但是,只要及时发现孩子的学习困难现象,分析起因,"对症下药",家校齐心合力,用爱心和耐心就能教育和转化在学习上有困难的孩子。正如案例中的儿童,通过对其学习困难的成因进行分析,采取有效的问题解决策略,在老师和家长的共同帮助下,她从内心对数学学习的态度有了较大的转变,对数学的学习不再排斥,同时,在学习上养成了良好的习惯,写作业不再费劲,并且有了自己的思考和见解。

八、不喜欢学习数学的"孤独女生"

(一)学习困难儿童的个人基本信息

华华是一名小学三年级学生,父母离异。父亲再婚后,华华就跟随父亲与继母生活在一起。但是,由于父亲与继母长期不在家,华华就由姑姑照顾。华华的

性格很敏感,有些自卑心理。有时候在学校受同学欺负了,却不敢告诉老师,从学校放学回来闷闷不乐,总是一个人关在房间里画画。

(二)学习困难儿童存在的问题

华华的学习困难问题主要表现在不喜欢学数学,数学总是学不好。她很少主动做数学练习题,每次写数学作业的时候就表现得很烦躁、不想写,题目还没读完,就说做不出来。训练老师曾和她就"为什么不喜欢数学"这个问题进行了交谈,她的回答摘录如下。

"数学老师很啰嗦、很烦,老是让我们做题目。"

"我有时候也想认真听老师上课,可听不懂老师在讲什么,然后就走神了。"

"反正我数学不好,不管什么题目我都不会做,考试考不好,所以我不喜欢数学。"

"三年级数学太难了,没有一、二年级的时候简单。"

通过与华华交流我们发现,华华对数学学科的学习表现出了多种消极的心理:畏难心理、退缩心理、厌学心理以及习得无助感等。

(三)华华不喜欢学习数学的成因分析

依据华华对数学学科所表现出的学习困难现象,我们将从家庭教育、学校教育和学生自身三个方面对其成因进行分析,找出造成华华不喜欢数学的主要原因,以便制定有效的教育转化策略,帮助华华走出不喜欢学习数学的心理困境。

1.家庭教育缺失、教育方式不当

从华华同学复杂的家庭背景中,我们不难发现,在日常生活中,华华缺失父母的关爱,感受不到家庭的温暖,更谈不上良好的家庭教育。我们可以从家人对华华的实际教育现状进行剖析:在学习上,华华的亲生母亲对其学习的期望度很高,却因没有和孩子生活在一起,所以无法关注到孩子的学习过程,只是发现孩子的学习结果——考试成绩不好。于是,华华的亲生母亲经常买很多课外练习册给华华课后做,拿到这些数学练习册,因为不会做,又怕妈妈不高兴,华华就敷衍了事,很马虎地完成,练习效果可想而知。华华的亲生父亲因长期不在家,对其学习情况可以说知之甚少。但是,每当他回到家里,发现华华考试成绩不好时,不问原因,就粗暴地把孩子关在家里,不许她出去玩。然而,与华华朝夕相处的姑姑,对其学习也是放任不管。诸如此类原因,导致华华同学必要的家庭教育缺失,在学习上表现出了不良的学业情绪。同时,这种重组家庭的不健康人际关系与理念,使孩子产生了敏感、自卑的心理,直接影响她在学习上的积极情绪,这是造成她数学学习困难的重要原因之一。

2.教师对学生的不良态度,抑制了学生学习数学的积极性

教师对学生的态度与期望,直接影响学生的学习态度与学习效果。笔者通过与华华同学的交流发现,华华同学数学成绩差,不喜欢学习数学是因为不喜欢数学老师。在华华看来,数学老师只喜欢那些数学学习好的同学,老师从来都没有关注过她。甚至,有一次她鼓起勇气问老师不懂的题目,老师却很不屑地让她问她的同桌。数学老师这种不当的做法深深地伤害了华华的自尊心,给她的心理造成了很大的阴影。经历了这次事件后,原本有些自卑心理的华华更不自信了,总觉得自己不如其他同学学习好,是数学老师眼里不受欢迎的差生。从此,在数学学习过程中遇到难题时,她也不再问老师。长此以往,华华在数学学习上的困难越积越多,学习数学的难度也越来越大,导致华华的数学学习出现断环现象,知识结构缺乏系统性,知识衔接不上。

3.数学基础知识掌握不牢,缺乏系统的知识结构

华华同学在学习数学基本概念、定理公式及常用数学思维方法时,只是听听而已,无意识学习占主导地位。例如,她现在仍不知道混合运算中,先算乘除,后算加减;有括号,要先算括号里面的算式。此外,华华同学对所学的数学内容缺乏比较、归纳和整理,因而没有一个良好的知识结构。这些凌乱无序的知识结构,妨碍了新旧知识的正常联结和知识的内化,导致她解题时不能找出问题的重点和难点,无法快捷、准确地提取已经掌握的知识,不能用学过的知识解决问题。例如,

在学习正方形、长方形的面积公式时,经常与周长的概念混淆。

4. 习得无助感强,缺乏学习动力

华华同学的数学成绩长期处于班级的"底层",是被老师遗落、忽视的一员。所以,她很自卑,害怕问老师题目,也害怕被老师提问。在她的心里,她认为自己的数学永远学不好,不管什么题目,她都不会做。又由于华华经历太多次数学学习的失败,出现了严重的"习得无助感"。所以,华华对数学学习缺乏内在动力。华华面对数学学习时,表现出消极、郁闷、退缩心理;面对数学难题时,就会很烦躁,甚至乱发脾气,表现出直接放弃,不敢再去尝试的现象。

(四)解决华华不喜欢学习数学的策略

依据案例中华华同学不喜欢学习数学的成因分析,我们的解决思路如下:首先,需从华华的家庭教育入手,营造温馨的家庭氛围与良好的学习环境。亲生父母与监管人——华华的姑姑及其继母多方相互沟通,制定对华华的可行性家庭教育方案。其次,需要对数学老师进行个人访谈,通过向其讲述"罗森塔尔效应"或"期待效应"(由美国著名心理学家罗森塔尔和雅格布森在小学教学上验证提出的),引导数学老师明白教师期望对学生学习效果和个性发展的重要影响。再次,加强家校合作,齐心协力对华华进行教育与培养,尤其是对她数学的学习齐抓共管。最后,对华华自身存在的学习困难问题进行教育与转化,并提出以下具体策略。

1. 互换角色,激发兴趣,增强自信

针对华华计算能力差的问题,笔者采取了每堂课前几分钟华华和老师互相出计算题给对方做,然后互相批改,看谁做得又快又准确的方法。华华同学明显对这种方法很感兴趣,不仅很认真地计算老师出的题目,同时,也很认真地批改老师做的数学题。在这个互换角色的比赛过程中,有时老师故意做错题,让充当小老师的华华同学发现。结果,华华同学在批改老师作业的时候,极其认真地、有模有样地指出老师的错误,并要求老师用心记住自己的错误。这一举措非常有效地培养了孩子的数学学习兴趣,同时,华华也体验了成功的喜悦,产生了自我效能感,增强了学习数学的自信心。之后,每当华华同学完成了数学学习任务,就请老师给其作业上写上一两句鼓励的话,不断地激励华华,强化她的自信心。

2.训练解题策略,理清解题思路

华华在解具体应用题的过程中,出现了很大的困难。针对其知识体系混乱、逻辑不清的认知结构,需要对其进行元认知策略训练,使她理清解题思路。具体训练步骤及内容如下。

(1)读题。通过读题,知道问题和已知条件是什么,哪些已知条件对解题是有帮助的。如果不理解题意,那么再读一遍题。

(2)析题。知道了问题和已知条件是什么,那应该用什么算式解这道题呢?是不是可以画个图解这道题呢?思考除了这个方法,还有没有别的方法解这道题。

(3)解题。开始解题时,问自己解题的目标是什么呢?这样解题可以吗?如果这样解题行不通,又该用什么方法呢?

(4)查题。题目解出后,就要检查答案了,问自己这道题算式列的正确吗?计算正确吗?有没有写单位和答?

(5)反思。思考解这道题的哪些步骤是多余的?哪些是有用的?下次解题该注意什么?

刚开始进行这种训练的时候,华华表现得极不耐烦,没做几题就放弃了。但是,在训练老师的鼓励和督促下,华华基本能掌握这种做题的思路,并且没有再出现过单位没写,换算不正确的错误了。

3.强化原有知识,建立新旧知识的联结

依据对华华每次写数学作业的时候就表现得很烦躁、不想写,题目还没读完就说做不出来等困难的原因进行分析,得出结论——知识断层。由于华华数学学习出现了知识断层、基础知识薄弱等现象,造成其知识迁移能力弱,无法建立正常

的新旧知识的联结。因此,需要强化华华的原有知识。具体要求如下:首先进行数学学业水平诊断,找出目前华华同学的原有知识点与现在所学新知识间的差距,进行数学知识的查漏补缺。与此同时,在华华每次上新课前,要求他完全掌握好上节课学的内容;如果没有完全掌握,就对其不懂的问题进行讲述,直到学会才能进行新课的学习。

4.关注"泛化"现象,进行"分化"训练

华华的学习过程出现了"泛化"现象,他总是混淆数学的相关概念,做题时常常做错、不会做。例如,在学习正方形、长方形面积的时候,华华弄不清周长与面积的概念,做题频频出现错误。我们发现华华的学习困难问题主要是"周长"与"面积"概念的泛化问题。解决策略是进行分化,即分化"周长"与"面积"概念。结合具体的实例,结合图形,告诉其周长的概念,如何计算,并进行周长题型训练。再讲述面积的含义,如何计算,同时进行面积题型训练。当华华同学最终弄清楚周长与面积的区别之后,做题的时候感觉容易了很多。

(五)教育转化学习困难儿童的效果与反思

经过三个月的辅导与训练,华华同学从最初看到数学题就烦躁,什么都不会,不知道怎么解题,变成了现在能够用很平常的心态面对数学题目,学会了做题的思路和技巧,并且对数学学习逐渐感兴趣了。对华华来说,这些转变已经是巨大的进步了,并且值得欣慰的是,她依然在继续进步着。

通过这个案例,我们发现学习是一个不断积累的过程,而不是一蹴而就的。在这个过程中会受到多种因素的影响,其中原生家庭和学校教师的影响尤为明显。如果案例中学生的父母在孩子的成长、教育过程中没有缺位,能够以正确、科学、民主的方式要求和教育孩子,华华也许就不会在学习上表现出不良的学业情绪,也不会产生过于敏感、自卑的心理,影响了她在学习上的积极情绪,使其数学学习出现困难。在学校,如果老师能够用欣赏的眼光对待学生,了解学生出现学习困难的真正原因,积极地帮助需要帮助的学生,学生就不会因为老师不经意的言语感到失落,从而不再喜欢学习数学。总而言之,当学生出现学习上的困难问题时,我们不仅要从学生身上找原因,更要从家长和老师身上寻找原因。

九、性格内向,经常闹情绪的学生

(一)学习困难儿童的个人基本信息

丽丽是一位独生女,常年跟父母生活在一起。父母均是普通的上班族,家庭经济状况良好。她身材娇小,性格偏内向,不善与人交流,学习成绩在班级处于中等偏下水平。因父母工作繁忙,该生被安排于托管中心照料,中午在托管中心吃饭、午休,下午放学后,由辅导老师统一安排在托管中心的辅导教室完成家庭作业,等待父母下班后接其回家。

(二)学习困难儿童存在的问题

丽丽在学校学习困难的问题主要表现在以下三个方面:一是写作业拖拉并且依赖心理很强;二是学习时不爱动脑筋思考问题,一遇到难题就搁置并且也不主动向老师请教;三是在课堂上情绪不稳定、波动大,多次表现出号啕大哭、闹情绪等课堂违纪现象,直接影响到她的课堂正常学习,造成其学习基础差,对知识的掌握不牢固,做起作业来十分吃力,因而在一些学科的学习上出现了严重的学习困难现象。

在一次数学课上,丽丽上课不注意听讲,做小动作,被数学老师点名提醒后,她的情绪便有些波动,数学老师多次强调、提醒,丽丽仍"屡教不改",于是便受到数学老师的严厉批评。受到批评的丽丽情绪瞬间失控爆发,号啕大哭,并且不停地试图推翻自己的课桌,扔掉自己的课本、铅笔等学习用品扰乱课堂,导致老师无法继续上课,同学们也无法继续听课。课后,数学老师告知班主任此事,班主任试图与丽丽沟通,向其说明数学老师的真正意图并非有意批评她,而是希望她能认真听课。最终,丽丽认同了班主任讲的话,并且明白自己确实做错了。

一周后,同样的情况再次发生,这一次班主任的安抚教育起不到一点作用了。丽丽站在教室外的走廊上号啕大哭,并不停地用脚踢教室外墙,无论班主任怎样安抚都无济于事,最终决定给她的父母打电话,让其领回家劝服。后来,丽丽在父母的劝服和引导下主动向数学老师承认了自己的错误并道歉,并且保证以后再也不会在课堂上闹情绪了。

班主任以为经此之后,情况会得到改善,可却"事与愿违",同样的事情在不同的课上又发生了几次,甚至在班主任的语文课上也发生了。其原因大多是由于丽丽在课堂上不认真听讲,受到了老师的批评而引起的。偶尔她也会对同学的某句话产生误解而号啕大哭。每当丽丽在课堂上闹情绪时,有时经班主任安抚后,情绪能及时得到调整;有时安抚未果,便被家长领回家。一学期下来丽丽的学习成绩便可想而知了。

(三)丽丽经常闹情绪的成因分析

基于上述丽丽性格内向、经常闹情绪的现象,我们从以下几个方面分析其成因。

1. 母亲不当的溺爱,孩子习得"闹情绪"模式

通过与丽丽家长的沟通我们了解到,其父母的教养方式属于典型的溺爱型方式。由于其母亲从小在家中不受重视、不被关爱,所以母亲就希望尽自己所能,把自己的爱全都给孩子,因而这种溺爱在母亲身上表现得格外明显。由于家庭经济状况良好,又是独生女,父亲也总是宠溺着丽丽。

在与丽丽父亲交流的过程中我们得知,她在家里也时常闹情绪,通常的解决办法就是母亲去哄她,直到她平静下来。正是由于母亲不当的溺爱,使丽丽习得了通过闹情绪解决问题的方法。所以,她确信无论自己怎样发脾气,最终都会有

人来安抚自己,一旦这种安抚得不到满足,她就会试图以更过激的行为吸引他人的关注,从而得到心理上的满足。如此一来,丽丽失去了训练自身受挫心理的机会,缺乏心理承受力和自我调控力。所以,学校老师一句简单的批评,她都无法承受而号啕大哭。

2.教师过于严厉,缺乏耐心与正确引导

学生在课堂上表现出违纪行为的原因不仅在学生一方,也在于教师的课堂是否具有强烈的吸引力、教师是否具有人格魅力,能够有效地吸引学生的课堂注意力,使学生上课认真听讲。据班主任对丽丽同学的课堂观察发现,如果老师讲课很有吸引力,该生很少出现不认真听讲的现象。此外,教师的态度、行为也很重要,直接影响学生的学业情绪。例如,丽丽的数学老师是位很严厉的老师,在对待像丽丽这样的学生时,很多时候的表现是缺乏耐心和正确引导的同时,又由于丽丽的数学成绩较差,教师并未对其抱有高期望,进而导致其自我效能感降低,对学习数学渐渐出现退缩心理,失去了学习兴趣。

3.自卑心理严重,自尊心受到伤害

丽丽有个比她大一点的堂姐,因为堂姐各方面表现得十分优秀,所以总能得到大家的夸奖和称赞。相比较而言,丽丽的情况就恰恰相反,所以丽丽内心产生了强烈的自卑感。这种自卑感使她经常担心别人说她差或是批评她,她的内心一直都很希望自己能向姐姐那样优秀,并得到别人的关注和夸奖。经过分析发现,丽丽在课堂上情绪失控、闹脾气,是因为她觉得老师的批评让她在同学面前"丢人"了,自尊心受到伤害。所以,出于一种自我保护的心理,她选择推桌子、扔书本等过激行为,目的是引起老师及同学的关注。据观察发现,当丽丽闹情绪的时候,如果老师不给予她关注或没有及时安抚,她便会哭得更大声,做出更过激的行为。

(四)解决儿童学习困难问题的策略

通过对案例中丽丽在学校学习困难问题的成因分析,我们提出以下解决策略。

1. 放弃溺爱，强化受挫心理

通过与家长进一步地沟通交流，共同分析丽丽学习困难的成因，在解决策略方面达成共识。要求家长不要过分地溺爱孩子，尝试让孩子自己经历、面对困难。例如，当她再次出现闹情绪的现象时，不要立刻哄她，只要她没有表现出过激的行为，就不用劝服她，给她心理体验的机会，使她懂得面对困难、解决问题，而不是每次犯错必须得到父母的安抚，通过这种方式逐渐强化儿童的受挫心理。

2. 采用疲劳法，重塑行为模式

当丽丽再次出现闹情绪的现象时，教师采用"不管不问"的策略，待她"闹"累了，情绪稳定后，再试图与其交谈，并对其进行教育，让她从心里认识到，哭闹是解决不了问题的，同时明白不让老师在课堂上批评自己的最好方法，就是上课认真听讲，积极回答问题。只有这样，不仅不会受到老师的批评，还会得到老师的表扬、奖励。通过这种方法重塑儿童的行为模式，并与之建立信任关系，彼此约定丽丽若能上课认真听讲，并能控制好自己的情绪，老师就给予其奖励。例如，丽丽在下次课堂上做到不发脾气、不哭闹，兑现了自己的承诺，老师就必须按照约定给予丽丽奖励。通过这种方式，不断对丽丽的行为进行强化，促进其良好行为模式的建立与保持。

3. 给予恰当鼓励，培养儿童自信心

鼓励是培养儿童自信心重要的一种方法，每一个孩子都需要不断的鼓励，就像植物需要阳光雨露一样，没有鼓励孩子不能健康成长。所以，当孩子取得成绩时，要及时给予表扬，多拿孩子的过去与现在比较，让孩子知道自己进步了。当儿童得到家长和老师的充分肯定时，就能体验到成功的喜悦，产生积极愉快的情绪体验，从而产生相应的自信心理。例如，在课堂上，老师试图给予该生多些关注，即便在该生并未举手回答问题的情况下，老师也主动给她回答问题的机会，并针对其回答给出合理的鼓励性评价。试图给该生多一些在同学们面前表现自我的机会，鼓励其大胆表达自己的想法，逐渐增强该生敢于在课堂上回答问题的勇气，不断强化她的自信心。

4.采用"提出问题"引入法,提高学生注意力

注意是人在清醒状态下的心理活动对一定对象的指向和集中,当人对某一事物产生高度注意时,就会对这一事物产生快速、深刻、持久的反应。那么,如何提高学生课堂上的学习注意力呢？关键在于教师的课堂是否具有强烈的吸引力,是否能够有效地激发学生的学习兴趣,使学生上课能够做到认真听讲。实践证明,只要授课教师提出问题,就能够在唤起学生无意注意和有意注意的同时,刺激大脑神经中枢,使学生处于兴奋状态,迅速进入角色,主动参与学习活动。此时,课堂上的学生几乎都能集中注意力,进行一定的思考。所以,我们建议教师授课时可采用"设置悬念"引入法、"提出问题"引入法、"直观"引入法等方法,提高学生注意力的集中水平,减少学生听课分心的现象。

5.温故而知新,夯实基础知识

针对该生学习基础差、对知识的掌握不牢固、做作业吃力等学习困难问题,家长和老师要采取的有效措施就是温故而知新,夯实基础知识。在督促儿童写作业时,要对其遇到的课业难题及时给予讲解。不仅如此,还要在其完成作业后,抽出时间对其进行单独的补缺补差辅导,教授其学习方法与策略等。例如,孩子觉得背诵课文难,那就教授其背诵课文的策略——按照课文的段落,练习课文的背诵。当孩子完成课文的背诵任务之后,就可以抽出一点时间听写其最近一周(周期可以灵活掌握)所学的生字、生词。一旦发现有不会的、写错的字词,马上进行复习与强化等。使儿童做到温故而知新,夯实基础知识,为新知识的学习打下良好的基础,做到举一反三、触类旁通。这样丽丽也就能够克服因知识掌握不牢固,做作业吃力的学习困难问题。

(五)教育转化学习困难儿童的效果与反思

在班主任与家长的相互配合、共同努力之下,历时三个学期,该生学习的困难问题得到了显著的好转,主要表现在以下三个方面。

（1）上课闹情绪的现象几乎不再发生了，即便偶尔发生，该生也不再表现出号啕大哭或出现过激的行为了。

（2）该生性格不再表现得十分内向，爱与人交流了，朋友也变多了，上课也爱积极回答问题了。

（3）该生作业拖拉的习惯逐步得到改善，学习的积极性增强，成绩出现了显著的进步。

本案例从发现该生的学习困难问题到分析学习困难问题的成因、再到教育转化策略的设计，以及最后的解决问题环节，虽然花费了很多时间与精力，但我们看到该生的转变及进步，我们感到十分欣慰。此时，我们更加确信，每一个孩子都是支"潜力股"，每一个孩子都期待被关注、被肯定、被鼓励。所谓"师者传道授业解惑也"，教师这一职业，从某种意义上说是一个充满"爱"的职业，甚至是塑造灵魂的职业，所以它需要更多的投入、付出，需要给予学生足够的耐心和理解。如果说军人的价值在于保家卫国，医生的价值在于救死扶伤，教师的价值就绝非只是简单地传道授业解惑，教师的职责是对每一个孩子进行灵魂的唤醒，教师的教育是生命的教育，帮助每一个孩子认识自我，不断提升自我，进而成为更好的自己。

十、不愿去新学校上学的初一学生

（一）学习困难儿童的个人基本信息

珍珍是一名初一女生，身体健康，发育良好，无重大疾病史，家族无精神病史。她生活在一个普通低收入家庭，爸爸是一家超市的搬运工，工作很辛苦，妈妈是家庭主妇，有时打打零工贴补家用。珍珍上小学时学习刻苦、用功，上进心强，担任

班级学习委员,成绩优秀,深受老师喜爱。小学升初中时珍珍以优异成绩考入学区内一所初中,并分到了重点班。

(二)学习困难儿童存在的问题

新学期开学不久,以优异成绩考入初中,并分到重点班的珍珍出现了对学校的恐惧心理。一提起学校、上学等话题,珍珍就害怕得发抖、哭闹,不愿意再去学校,并且要求家长给她转学,家长无法满足女儿的转学要求,只能将她从重点班转到普通班。珍珍拗不过父母,勉强到学校后,却无心学习,感到周围的老师和同学都在嘲笑她,都在对她指指点点。她的性格变得孤僻易怒,还因为紧张害怕导致睡眠不好,吃不下饭,体重下降,还经常做噩梦,半夜会惊醒。她情绪低落,容易哭泣,对上学很恐惧,害怕见到班主任、见到同学,渐渐地开始拒绝上学。当妈妈强迫她上学时,她强烈反抗,并咬伤了妈妈。无奈之下,妈妈只好放弃劝她回校读书,结果珍珍的功课落下了,学习成绩也不好了。

(三)珍珍不愿意去学校读书的成因分析

在小学升初中新的学习生活开学不久,珍珍患上了湿疹,皮肤瘙痒难耐,妈妈就给珍珍准备了一瓶风油精带到学校。当珍珍在课堂上拿出风油精涂抹在手臂上止痒时,被正在上语文课的班主任老师看到了。班主任老师误认为珍珍把麻将牌拿到教室玩耍,当着全班同学的面训斥珍珍。珍珍辩解了几句,就被班主任罚站了一节课。珍珍感到很委屈,下课后又不敢找班主任老师进行解释,便回家向妈妈哭诉。当天下午,珍珍的妈妈就到学校向班主任老师解释,班主任老师反倒批评珍珍妈妈袒护女儿,坚决认为珍珍当时就是在玩麻将牌,认为自己绝对没有看错,根本没有冤枉珍珍。珍珍妈妈感到无法与班主任进行沟通,于是就将此事向初一年级组长反映。年级组长找班主任老师进行规劝,不仅没有奏效,反而适得其反。第二天,班主任老师在早读时间,当着全班同学的面呵斥珍珍撒谎骗人,抱怨其家长乱向领导告状,并要求全班同学不要理睬珍珍,不准和珍珍玩,还说珍珍得了皮肤病,并跟全班学生说:"如果和珍珍接近,就会被她传染上皮肤病。"如此一来,珍珍被全班同学孤立了。

珍珍心里感到很委屈,不想再见到班主任,一看到班主任就害怕,勉强来学校上课,在课堂上却听不进去老师讲的内容,总是感到班上同学在嘲笑自己,感觉大家在嘲笑重点班不要她,还嘲笑她是"谎话大王""小骗子",嘲笑她有"传染病"等。

正因为以上原因,珍珍现在一想到上学就害怕,浑身发抖,不想上学。勉强到了学校也听不了课,心里感到很难受,脑子很乱,有时头昏脑涨,有时难过得大哭。

(四)解决儿童学习困难问题的策略

对上述造成珍珍学习困难的原因进行分析,我们认为要请专业的心理老师对珍珍进行心理诊断与疏导,才能解决珍珍在学习上遇到的困难问题。下面是我们记录的珍珍与心理老师之间的整个心理咨询与疏导过程。

1. 制定咨询目标

具体目标:改变求助者认为湿疹会传染的错误认知;改变求助者恐惧、焦虑、精神紧张的情绪;改变求助者的社会交往状况,能够主动与人交往,自愿去学校上学;改变求助者的睡眠、饮食状况。

近期目标:引导求助者正确地认识自我、接纳自我,客观对待他人的评价,帮助求助者有效解决当下生活与学习中的心理困扰。

中期目标:促进求助者正确评估自我、悦纳自我,克服逃避和退缩心理,提高适应环境的能力,找回自信与归属感。

最终目标:重塑求助者正确的自我意识,促进其心理健康发展,培养其健全的人格。

2. 心理咨询与疏导策略

咨询中主要采用了认知疗法、家庭疗法、系统脱敏疗法。具体咨询情况如下。

(1)第一次咨询。

目的:建立良好的咨访关系并收集资料。

方法:访谈法、放松法、认知疗法。

过程:首先心理咨询师对珍珍采取尊重、共情、真诚、积极关注等态度接纳求助者,运用通情达理、支持、倾听、澄清等咨询技巧营造温馨气氛,让求助者情绪得到宣泄,建立良好的咨访关系;通过摄入性谈话收集资料,并形成初步诊断。咨询师和珍珍共同协商制定心灵成长的咨询目标,同时,咨询师向珍珍传授放松技巧(呼吸放松和想象放松),指导她在紧张和焦虑时进行放松。珍珍基本掌握了这些技术,不良情绪得到初步缓解。咨询师要求求助者家长带她去医院皮肤科治疗湿疹。咨询结束时布置作业,鼓励她反复练习和巩固放松训练法,并嘱咐珍珍务必咨询医生湿疹是否无法治愈,是否属于传染病? 要求珍珍每天写日记,一方面宣泄自己的消极情绪,另一方面也能感受生活中的愉悦和美好,感受父母的关爱。

(2)第二次咨询。

目的:调整父母对珍珍的学习期望。

方法:家庭疗法。

过程:珍珍经过一周的治疗,湿疹病情得到缓解,通过咨询医生清楚了湿疹只是一种很常见的皮肤病,能够治愈并且不会传染,珍珍消除了湿疹是治不好的传染病的错误认知,因患皮肤病带来的自卑、焦虑、恐惧得以缓解。

父母逼迫珍珍上学,甚至在珍珍不愿意去学校时采用打骂的方式。珍珍在小学时成绩优秀,乖巧听话,父母要求升入初中的珍珍也能保持优秀成绩,对于珍珍不肯上学又急又气。父母自己文化程度不高,对珍珍寄予厚望,但是没有意识到女儿在青春期的一些心理变化。通过家庭疗法,父母认识到自己教育的不当之处,咨询师现场指导了亲子沟通,父母真诚地告诉珍珍,爸爸妈妈最在意的是她的健康和快乐,而不是学习成绩,以后绝不会再打骂她,尽可能给她一个安全温馨的家庭氛围,减轻她因成绩下降造成的心理压力。珍珍的父母也认识到了班主任对珍珍的精神伤害是导致珍珍不肯上学的主要因素,愿意主动和学校协商,争取使学校领导、老师、同学给予珍珍更多的关爱和帮助,共同呵护珍珍的心灵成长。

布置作业:继续进行放松练习;每天写日记,记录自己的情绪变化及各种想法,用合理的想法代替不合理的认知,改变其错误的认知。

(3)第三次咨询。

目的:在放松的状态下逐步减少珍珍对上学的敏感性。

方法:系统脱敏疗法。

过程:珍珍的父母通过和学校领导、珍珍转班后的新班主任的接触,了解到现在的普通班师生对珍珍和原班主任的冲突并不知情,只是珍珍放大了自己的痛苦,新班主任明确表示自己班的师生一定会关爱珍珍,不会让珍珍受到伤害。珍珍得知父母和学校的沟通结果后安心了许多。随后,咨询师向珍珍简单介绍了系统脱敏疗法的基本理论,征得她的同意后在第三次咨询时开始实施该疗法。首先,实行想象脱敏,咨询师协助珍珍想象引起焦虑和恐惧的情境,并帮助她确定引起焦虑的事件等级。在咨询师的帮助下确定的引起焦虑事件的等级由小到大的顺序排列如表4-2所示。其次,进行分级脱敏训练,帮助珍珍循序渐进练习各个情境,通过心理的放松状态来对抗焦虑和恐惧情绪,进行系统脱敏,从而达到消除她对上学焦虑和恐惧的目的。

经过医院两周的治疗,珍珍的湿疹病情减轻,痛苦减少,在咨询时不再搔皮肤,能专心配合咨询师的治疗,系统脱敏疗法也取得了预期的效果。

布置作业:临睡前进行放松练习,提高睡眠质量;制定上学后的学习规划;适当自学,为上学做好准备。

表4-2　引起焦虑事件的等级

序　列	事　件	等　级
1	父母提到上学时	20
2	自己准备上学时	30
3	走在上学路上	40
4	走到校门口	50
5	走近教室门口	60

续表 4-2

序　列	事　件	等　级
6	在教室想象到老师站在讲台上	70
7	坐在自己的位置上	80
8	老师在讲课	90
9	看到了原来的班主任	100

（4）第四次咨询。

目的：巩固咨询效果。

方法：认知法。

过程：湿疹基本治愈，珍珍的焦虑和恐惧情绪逐渐减轻，睡眠得到改善，做噩梦现象减少，食欲增加，但偶尔还有坐立不安、头晕等症状。为了巩固咨询效果，对其进行了有针对性的指导，如提高珍珍适应新环境的能力，锻炼自己的抗挫折能力，使其增强自信，相信自己通过补课会赶上功课，只要愿意刻苦学习，在普通班成绩也会有进步。让她认识到并不是每个老师都像原班主任那样，大多数老师和同学是善良的，现在的班级老师和同学对她以前的经历一无所知，并不会对她嘲笑和歧视。同时，父母与学校已经做好了沟通工作，她可以安心上学，主动与人交往，用行动赢得老师和同学的信任和尊重。

（五）教育转化学习困难儿童的效果与反思

通过四次的心理咨询和治疗，珍珍的焦虑和恐惧情绪得到缓解，饮食和睡眠状况有显著好转，情绪稳定，不再哭泣，主动要求上学。家长请了珍珍的表姐给她补课，珍珍天资聪颖，功课基本能跟上老师的进度。一个月后回访，珍珍自述和同学相处融洽，老师也都喜欢她，她发挥了自己的舞蹈特长，参加了元旦晚会的集体舞排练。父母也不再强调成绩，她能在轻松的状态下学习，上课注意力提高了，学习效率也增强了。珍珍的湿疹病也已经痊愈，她能自如、没有压力地和同学、老师相处了。珍珍在交谈中口吻轻松愉快了，基本恢复了一个花季少女的活泼可爱。

这一案例并非个案,近几年心理咨询师接触了很多类似的案例,学生拒绝上学的原因复杂,但其中有一个很重要的因素就是"校园暴力",学生不仅是受到殴打、体罚,更多的是遭受冷漠、恐吓、羞辱、歧视等"冷暴力"。个别老师简单粗暴的做法,导致对学生的严重伤害,尤其是"冷暴力"造成的心理上的创伤,虽然看不见、摸不着,却难以愈合,这种精神虐待导致对正值青春期的中学生自尊心、自信心的全面摧残,严重影响了孩子的学习和生活,可能成为孩子一生的心理阴影。

在当前的学校教育中,虽然"素质教育"和"心理健康教育"逐渐被人们所关注,但受片面追求升学率的束缚和应试教育的影响,一些学校单纯强调智育,忽略学生全面发展的教育,尤其忽视对学生心理健康的呵护。只关注学生的学习成绩,这就导致一些教师急功近利,教书意识太浓,育人意识淡薄,没有真正做到"教书育人"。在此,十分期望教师们能够正确认识"教书育人"的真谛,同时,更盼望教师们能够成为学生学习和生活的引导者和指路人,成为学生不良情绪的疏导者,以及学生心理健康的呵护者,培养出身心健康、有文化、有学识、有能力的国家栋梁之才。

第五章

国内外名家教育故事

一、陶行知先生的四块糖果

陶行知先生是中国人民教育家、思想家,伟大的民主主义战士,中国人民救国会和中国民主同盟的主要领导人之一。陶行知先生曾任南京高等师范学校教务主任,中华教育改进社总干事,先后创办晓庄学校、生活教育社、山海工学团、育才学校和社会大学。他提出了"生活即教育""社会即学校""教学做合一"三大主张,生活教育理论是陶行知教育思想的理论核心。其著作有《中国教育改造》《古庙敲钟录》《斋夫自由谈》《行知书信》《行知诗歌集》等。

下面给大家讲述陶行知先生的四块糖果的教育故事。

陶行知先生当校长的时候,有一天看到一位男生用砖头砸同学,便将其制止并叫他到校长办公室去。当陶校长了解了情况后,回到办公室时,男孩已经等在那里了。

陶行知掏出第一块糖给这位同学:"这是奖励你的,因为你很准时,比我先到办公室。"接着他又掏出一块糖,说道:"这也是给你的,我不让你打同学,你立即住手了,说明你尊重我。"该男生将信将疑地接过第二块糖。

陶先生又说道:"据我了解,你打同学是因为他欺负女生,说明你很有正义感,我再奖励你一块糖。"

这时，男孩感动得哭了，一边哭，一边说道："校长，我错了。不管怎么说，同学再不对，我也不能采取这种方式，我用砖头打人是不对的。"

陶先生于是又掏出第四块糖："你已经认错了，我再奖励你一块。我的糖发完了，我们的谈话也结束了。"

陶先生以奖励感化教育轻而易举地攻破了学生的心理，圆满地达到了教育的目的。这就是伟大的教育，润物无声，怀着欣赏，充满爱心。陶行知对孩子的评价注重结果，更注重过程，打人的结果是应该受到批评的，但小男孩遵守约定，敢于担当，并勇于认错，有正义感，难道这些优良的品质不应该用糖果来奖励吗？甜蜜的教育就是发现孩子身上的闪光点，并设法让孩子知道，同时，让他认识到自己的错误，而不是不留情面地将他的错误指出来。

教育的真正要义是立人，尊重人的生命价值，尊重人的独特体验，尊重人的多样性，在此基础上，培养孩子健康的个性、健全的人格。

二、苏霍姆林斯基的童年教育

众所周知，瓦西里·亚历山德罗维奇·苏霍姆林斯基是苏联著名的教育实践家和教育理论家。他曾担任其家乡所在地的一所农村完全中学——巴甫雷什中学的校长。自 1957 年起，一直担任俄罗斯联邦教育科学院通讯院士。1968 年起，任苏联教育科学院通讯院士。1969 年获乌克兰社会主义加盟共和国功勋教师称号，并获两枚

В. А. Сухомлинский

Ребенок - зеркало семьи; как в капле воды отражается солнце, так в детях отражается нравственная чистота матери и отца.

列宁勋章、一枚红星勋章、多枚乌申斯基和马卡连柯奖章等。

那么,苏霍姆林斯基的童年教育是怎样的呢?下面我们就一起走进他的童年时代吧。

苏霍姆林斯基的小学、中学生活,一直是在自己家乡的学校度过的,这所学校是一所七年制的学校,虽然学校设施、条件极为普通,但却有着雄厚的师资力量。苏霍姆林斯基的善良天性在这里得到了充分的发展,学习能力得到了迅速的提升。在家里,他经常主动帮助父母、邻居干活,在学校里,他是品学兼优的学生,得到了时任校长伊万·萨维奇和教务主任布师科夫斯基的重视和关怀,然而,对他影响最大的是启蒙女教师安娜·萨莫伊洛芙娜。

这位女教师不仅是孩子们的老师,也是孩子们亲密的伙伴。苏霍姆林斯基觉得这位女教师像一个女魔法师,她知道一切有关"美"的秘密。她讲的课能激起学生们浓厚的兴趣,所教的知识常被学生铭记在心。她常带孩子们深入到大自然,引导他们思考问题,让他们学到了很多知识,明白了很多道理……

在山花烂漫、万物生机盎然的季节,有一天下午,安娜·萨莫伊洛芙娜带学生们来到了森林,这对苏霍姆林斯基来说是再熟悉不过的地方了,他平时就会来这里玩耍。但女教师带他们来这里,一边引导他们观察,一边向他们解说,让他接触了许多过去没有注意到的事物和许多使他感到惊奇的东西。女教师一边带领他们观察,一边说道:"看这棵盛开的椴树在帮助蜜蜂酿蜜;瞧那个蚁穴,有回廊和广场,有幼儿园和粮仓……就像一个童话般的城市。"苏霍姆林斯基曾出于恶作剧还用棍子捅过那个蚁穴。他感到如果没和老师一起来,就不会发现世界上这么多美好的东西。当孩子们领略了大自然美好的风光,急匆匆准备回家的时候,女教师又说道:"孩子们,为爷爷、奶奶、爸爸、妈妈采集些鲜花吧。当孩子们关心长辈的时候,长辈会感到高兴的,而鲜花是关怀和敬爱的标志……"孩子们听后,很快便开始采集鲜花作为送给家人的礼物。苏霍姆林斯基接受的就是这样的教育。

这种教育方式使幼小的苏霍姆林斯基不仅爱上了书本,爱上了同伴,爱上了

大自然,而且更加尊敬这位老师,他向往自己的知识能同老师一样渊博。从那时起,苏霍姆林斯基逐步树立了从事教师这一神圣职业的志向。在七年制学校毕业后,他毅然决定报考师范院校,后来一步一个脚印,从一个普通的教师成长为一名伟大的教育家。

三、如何让学生学会思考

苏霍姆林斯基担任巴甫雷什中学校长之后,经常去听老师们的课,用他自己的话说就是:"如果我每天不听两节课,就像我这一天什么也没做。""如果今天去区里开会,明天就得补上,听 4 节课……如果我在一年中没有听过一位教师的至少15—20 节课,我就会对他毫无了解。"

一天上午,苏霍姆林斯基同往常一样,去听一位小学低年级语文教师的课。在课堂上的最初几分钟,学生们紧张地思索着老师提出的每一个问题。青年教师请学生回答问题时,苏霍姆林斯基认真地记录了学生的回答,可是学生们的回答,并不能让他感到满意。他发现学生使用的许多词和词组在他们的意识里并没有十分鲜明的表象,这些词和词组无法与周围世界的事物和现象联系起来。学生们仅仅是重复别人的思想,所用的句子和词组也是生硬地背诵下来的。对于句子和词组的意思,学生似乎并没有搞清楚。苏霍姆林斯基思考着:"为什么学生的回答总是那样贫乏、苍白无力呢?为什么这些回答里常常缺乏儿童自己的思想呢?"课依然在进行中,苏霍姆林斯基听到教师提示学生:"课后要复习,词意、句式一定要记住,下节课提问……"他皱起了眉头,思维再也集中不到听课上了。

他在心里思考着,难道教学的唯一任务就是仅仅让学生识记、保持和再现知识?他意识到自己的工作还存在缺陷,自己在实践中解决问题的方法没有及时推广到广大教师中去。这时,一年级学生娜塔莎的一篇作文在他头脑中清晰地映现出来:"这是夏天的事儿,刮了一阵大风,大风把一粒长着毛茸茸翅膀的种子带到了草原上,种子落到了草原上的青草丛里,青草惊奇地问:'这是谁呀?'种子说:'我是带翅膀的花儿。我准备在这儿,在草丛里生长。'青草高兴地欢迎新来的邻居。冬去春来,种子发芽了。在种子原来落下的地方,露出了一根粗壮的茎,在它的顶上,开出一朵黄色的花儿,它是那么鲜艳,就像一个小'太阳'。'啊!这原来是蒲公英呀!'青草说。"

这篇作文说明学生观察到了花的形状、颜色、花与花不同的特点,学生把阳光、种子、花儿等事物联系起来看,充分发挥自身的想象力,写出了一篇生动、形象的作文。

学生能写出这样的作文,说明这些词语已进入了学生的生活和头脑中,虽然词语的表达还带有童话故事的色彩,但这是他们自己的语言。会思考已成为这类孩子的显著特点。对于学习效果差的学生,总听到一些教师议论其"愚笨"、学习不努力等。其实,是教师惯用的传统教学思想造成了孩子智能的局限,导致学生不会学习,不会观察、思考、推论,只好依靠死记硬背。现代学校的整个教学体系应加以科学的改进,建立在三根支柱上:鲜明的思想、活生生的语言和儿童的创造。教师在课堂上不仅要教给学生一定范围的知识,还要加强学生的思维训练……

"铛!铛!铛!……"下课的铃声打断了苏霍姆林斯基的思考,他已想好了下次校务会议上的议题,就是"如何让学生学会思考"。他要向全校师生提出"要思考,不要死背"这个口号。

目前,我国中小学教育依然存在这样的现实问题。教师注重学生的考试分数,鼓励学生对考点内容死记硬背;更有甚者对考试范围以外的内容,如果学生听不懂,就索性告诉学生不要去学,考试也不会考到,完全忘记了教师的根本任务——教书育人,仅仅只是为了考试而教书,给儿童带来不正确的评价标准。每次听到学生评价自己不是一名好学生,因为自己学习不好时,我心里都不太好受。十分盼望通过这个教育案例,能够改变家长和老师的应试观念,正确认识教育的根本目的是"育人",通过家庭、学校和社会对儿童的合力教育,培养出合格的社会公民。

四、不要责罚儿童,而要包容儿童

苏霍姆林斯基在他的教育实践中也曾有过失误。那时,他刚参加工作。一位名叫斯捷帕的男孩,由于过分顽皮,在一次玩耍中无意将教室里放着的一盆全班十分珍爱的玫瑰花给碰断了。对此,苏霍姆林斯基大声斥责了这名学生,并让其吸取教训,下不为例。事后,班上的孩子们又拿来了

三盆这样的花,苏霍姆林斯基让孩子们用心轮流看护,唯独斯捷帕没有获准参加这项集体活动。不久,这名学生变得话少了,也不那么淘气了。年轻的苏霍姆林斯基当时想着这倒也好,说明自己的训斥对这名学生起到了作用。

可是,不愉快的事件在他斥责这位学生几周后的一天发生了。当天放学后,

苏霍姆林斯基因事未了,还留在教室里,斯捷帕也在教室里,他准备把作业做完后回家。当斯捷帕发现教室里只有老师和他两人时,便觉得很窘迫,急忙准备回家。苏霍姆林斯基没有注意到这种情况,无意中叫斯捷帕跟自己一起到草地上采花。这时斯捷帕的表情迅速发生变化,他苦笑了一下,紧接着眼泪滚落了下来,随后,在苏霍姆林斯基面前跑回家了。

这件事对苏霍姆林斯基触动很大。他明白了,孩子对于责罚,心里是多么难受。他意识到自己以前的做法是不自觉地对孩子的一种疏远,使孩子感到了委屈。孩子弄断花枝是无意的,而且对自己的行为感到后悔,愿意做些好事来补偿自己的过失,而他却粗暴地拒绝了孩子的意愿。对这种真诚的、儿童般的懊悔,报之以发泄怒气的教育影响,这无疑是对孩子的当头一棒。

此后,苏霍姆林斯基吸取了这一教训,在以后的工作中很少使用责罚。他对由于无知而产生不良行为的儿童,往往采取宽容的态度。他认为,宽容能触及学生自尊心最敏感的角落。

此时,我的脑海呈现出一名小学生的话语:"老师,你们来了以后,我们的老师就很少骂我们了,罚站也少了。"可谓是童言无忌,道出了他们日常犯错后的真实情境。当下中小学生犯错后被责骂、体罚的现象在我国依然存在,儿童犯错后,在家里,家长会打孩子、责骂孩子;在学校里,老师也会斥责孩子,甚至惩罚孩子。

试想,在这样的教育环境下培养出来的儿童,他的人格特征会是什么样的呢?这的确是一个值得家长、老师思考的问题。

我很喜欢偶然读到的一段话,送给各位家长和老师,盼望能够在育儿方面带来些许帮助。

指责中长大的孩子,将来容易怨天尤人;

敌意中长大的孩子,将来容易好斗逞勇;

恐惧中长大的孩子,将来容易畏首畏尾;

怜悯中长大的孩子,将来容易自怨自艾;

嘲讽中长大的孩子,将来容易消极退缩;

嫉妒中长大的孩子,将来容易钩心斗角;

羞辱中长大的孩子,将来容易心怀内疚;

容忍中长大的孩子,将来必能极富耐性;

鼓励中长大的孩子,将来必能充满自信;

赞美中长大的孩子,将来必能心存感恩;

嘉许中长大的孩子,将来必能爱人爱己;

接纳中长大的孩子,将来必能心胸广大;

认同中长大的孩子,将来必能掌握目标;

分享中长大的孩子,将来必能慷慨大方;

诚实公平中长大的孩子,将来必能维护正义真理;

安定中长大的孩子,将来必能信任自己、信任他人;

友善中长大的孩子,将来必能对世界多一份关怀;

祥和中长大的孩子,将来必能有平和的心境。

（来源:《指责中长大的孩子》http://blog. sina. com. cn/s/blog_4ec80e010100ivho. html.）

五、要呵护儿童的自尊心理

苏联著名教育实践家和教育理论家苏霍姆林斯基曾经担任其家乡所在地的一所农村完全中学——巴甫雷什中学的校长。在此期间,他总结了大量的实践教育经验,并撰写了约30本书和500多篇关于青年教育和培训的文章。他用自己

的生命影响儿童的生命,致力于儿童健全人格的培养。下面我们介绍一个与苏霍姆林斯基相关的儿童教育故事。

苏霍姆林斯基在著作《要相信孩子》中写道: "随着我对儿童内心世界不断深入地探讨,随着我逐渐学会用他们的思想和感情来生活,我越来越明确了我们从事教育工作的人的一条十分重要的真理,即在了解儿童内心世界的时候,不应伤害他们心灵深处最敏感的地方——人的自尊感。不恰当的、没有分寸的关心,如果伤害了儿童的人格、自尊和自豪感,那么,也会像直接的侮辱一样刺伤儿童的心灵。在我工作的巴甫雷什中学里,我们是依靠培养学生的自尊感来和上课回答问题时彼此提示、课后互相抄作业,以及考试作弊等现象做斗争的。我们在开学后的头几个星期里就培养儿童以独立完成作业为荣的感情。这样做的结果,便是孩子们自己就会气愤地拒绝那些在书面作业时偷递小抄,或是在口头回答时进行提示的'好心的'同学。如果教师想要采取这种方式'帮助'学生,就更不妥当,更不得体了。遗憾的是,我在一节地理课上见到了一次表现得十分明显的这类'帮助'。在课堂上,教师要求七年级学生按照暗射图回答问题,但是教师特许一位久病的女同学按一般的地图回答问题。这位女同学把地图打开,挂到墙上之后,结结巴巴地回答起来,她答着答着忽然哭了起来。因为教师对她的宽容,使她感到受了侮辱。此后很长一段时间她都不信任这位地理教师,在教师做了大量的细致工作后,师生之间的正常关系才得以恢复。

"至于教师因没有发现自己的做法不妥帖、欠周到而使学生越来越疏远自己的例子,在学校生活中就数不胜数了。十年前巴甫雷什学校里发生了一件我永远不会忘记的事情。那是在一年级第一堂课上,40双眼睛全神贯注地望着教师。孩子们屏住气息听教师介绍学校的情况和学生守则。当教师讲到手、耳朵、衣服都要保持清洁时,所有的孩子都把自己的手放到桌面上仔细地端详着,还相互地

检查着。这时女教师发现一个坐在前排的、黑眼睛的小男孩的耳朵很脏,她看了这个小男孩一眼就说:'大家看,格里沙的耳朵多么脏! 他没有洗耳朵就来上学,这样是不行的。'小男孩的脸先是发红,后来就发白了。39 个孩子同时看着他。从孩子们的目光里可以看出,有的是出于孩子特有的好奇心,有的则是出于同情。当时格里沙简直不知怎样才能回避这些目光,所幸的是没有一个孩子是幸灾乐祸的。

"教师对她自以为成功的教育方法感到很满意。她想:这样一来,这个孩子就永远不会脏着耳朵来上学了。接着她又对孩子们讲应该怎样举手,教师提问时应该怎样起立,离开教室时应该怎样请求老师的允许。然而她却没有注意到格里沙一直到下课前都一动不动地坐在那里,也没有注意到格里沙已经不像在这以前那样目不转睛地注视着她的每一个动作。孩子的两只眼睛虽睁得大大的,但眼眶里却饱含着泪水,而教师却根本没有感到她的批评竟会使孩子伤心得连哭也哭不出来。

"这是格里沙生平第一次真正感到伤心!

"第二天,格里沙没有来上学。教师对此并没有予以重视,因为除了格里沙以外,还有两个男孩子也没有来上学。第三天格里沙来了,头发剃得短短的,脸洗得干干净净的,身穿一件白色的衬衣。他坐在那里显得有些紧张,呆呆地往一个方向看,也不知是在看课桌,还是在看黑板。可是教师却只注意到格里沙洗得干干净净的耳朵和手,忽略了他那拼命想集中注意力的样子绝不是一个七岁儿童所应有的。

"一年级算术课上,孩子们都学会了数小棍子,并能从一数到十。只有格里沙数起来没有把握,常常出错,而且还摆不好小棍子,因为他的手老是发抖。他总觉得全班同学都在看他的耳朵,所以把头垂得低低的。教师对这一切都毫无察觉,相反地她认为格里沙心不在焉,注意力不集中,因此还责备他说:'应该集中注意力!'

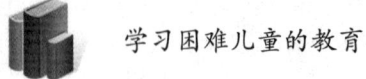

"晚上，教师到格里沙家里去，向他母亲了解格里沙前两天没有上学的原因。格里沙母亲解释说：'他第一天从学校回来以后就哭了。我问是不是有人欺侮了他，他说他肚子痛，于是我就让他留在家中了。结果他真的闹肚子了，但很快就好了。后来他要求我把他的头发剃短，特别要求我把头给他洗干净，还几次要我看他耳朵后面洗干净没有。九月一日前，我因为不在家而没有来得及给他做好上学前的准备。开学那天他不是一个人去学校的吗？'

"这次谈话后，教师还是没有明白过来。

"一年级的孩子们开始按字母表认第一批单词了。格里沙早在入学前就已经在家里学会了几乎所有的字母，但在教室里他读得很不好，声音发颤，而且总是吞词尾，有时甚至把整个音节都丢掉了。教师又批评了他，说他懒惰、散漫。

"'你在家里是根本没有念吧？不能总这么懒呀！'

"字母在格里沙眼前跳动了起来……而女教师却怒不可遏。于是她又去找格里沙的母亲告状，说格里沙懒惰，注意力不集中，还说他性格很坏。

"女教师采用的方式是错误的，因而严重地伤害了孩子。可是她不但没有改正自己的错误，反而一而再再而三地继续不公平地谴责格里沙，从而也就更加加深了她自己的错误。

"期中考试时，格里沙的算术和阅读都只得了两分[①]。在校务会上女教师把格里沙成绩低劣的原因归咎于孩子的懒惰、粗心大意、注意力不集中。发成绩单后的第二天格里沙的母亲就来找我了。她坚决要求我把她的孩子调到其他班里去。起初她一直不肯说出要求调班的原因，后来才把情况原原本本地说出来了。原来格里沙终于把自己的伤心事告诉了妈妈，向妈妈倾诉了自己极大的委屈。他含着眼泪重复地对妈妈说，所有的孩子都看着他的耳朵。

"我们在教务会议上讨论了这件事。大家就教师在工作中应如何掌握分寸，

---

① 注：苏联学校考试成绩实行的是五分制。

就儿童的自尊心、儿童的苦衷如何会引起儿童的痛苦等问题严肃地交换了意见。这件事情告诉我们,教师对自己说的每一句话,提的每一个意见都应该慎重,考虑再三。儿童的心是敏感的,这颗心可以吸收一切好的东西。如果教师能够引导儿童向好的榜样学习,启发他们效仿一切好的东西,那么儿童身上所有不好的东西都可以不经过任何痛苦地,也就是不使儿童心灵受到伤害,不使他们感到委屈地自然消失。这位女教师在教育方法上犯错误的根源,在于她对待儿童采取了冷漠无情的态度,她不应该把孩子在全班面前置于反面教材的地位。

"事实上这件事完全可以采取另外的方式来处理,例如,让孩子们看一看某个手洗得干干净净的小男孩,或者看一看某个穿得又干净又整齐的同学,然后再号召大家向好的榜样学习。说话的时候,教师可以有意识地特别看格里沙一眼,用自己的目光向格里沙示意。

"这位教师的错误还在于没有注意、没有理解儿童的苦衷。这种错误是教师们经常容易犯的,他们往往批评了某个孩子之后就把这件事忘掉了。

"教务会议决定把格里沙调到另一个平行班里去,正像大家预期的那样,格里沙果然是一个既用功、勤奋而又细心的学生。过去被那位女教师认为没有数学才能的格里沙,在五、六年级时就恰巧在数学方面表现出了极大的才能。

"要想形成儿童良好的道德面貌,必须发展并巩固儿童自我尊重的感情。任何一个考虑问题较深的教师都知道,每一个学生,哪怕是一年级的小学生,如果他感到老师对自己的印象比自己的实际表现坏,他的自尊心都会受到极大的伤害。反之,如果儿童不仅知道而且体会到教师和集体对他个人的优点既注意到了,又很赞赏的话,那么他就会尽一切努力变得更好。事实上,教育技巧的全部奥秘也就在于如何爱护儿童这种积极向上的精神和努力提高道德水平的积极性。"

格里沙的故事读完后,相信会给读者带来深刻的反思,同时也让我们感悟到教育儿童的真谛——珍爱儿童。儿童的教师、家长以及重要社会他人在教育儿童时,一定要学会呵护儿童的心理,懂得尊重儿童,培养出身心健康、品学兼优的孩子。

苏霍姆林斯基认为,学校的一项重要任务就是培养有好奇心、有创意、有思想的人。而童年生活被他看作是思维的园地,并将教师视为仔细塑造儿童身体和精神世界的人。

在此,笔者期盼儿童身边的成年人能够成为儿童成长途中的灯塔,成为他们人生的启蒙者,成为他们面对困境时的帮助者,成为他们生命中有重要影响的人,肩负起培养孩子健康身心、健全人格的责任。

第六章

儿童教育的感悟与启示

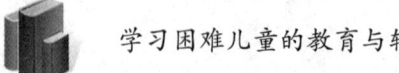

关于儿童学习困难的现象应该引起我们的高度重视,因为儿童的学习困难会使儿童感到压力沉重、心情压抑。这些负面情绪的长期积累,会导致他们失去对学习的兴趣和信心,以及学习的动力。如此一来,儿童无法得到自我发展,思维能力水平、解决问题的能力都会在很大程度上受限。因此,我们一定要通过对儿童的课堂内外的正确教育,使儿童"自我"得到最大限度的发展与提升,达到对儿童教育的目的。正如托马斯·卡莱尔的人生哲理:"人生最重要的就是发展'自我',做一个对人类有益处的人。"

18世纪法国哲学家兼作家让·雅克·卢梭在他的教育理论中阐述了人生教育理念:没有不好的学生,只有不好的教师。让·雅克·卢梭的这一观点不能不令人信服。这里的"教师",一方面是指父母,另一方面是指学校的教师。孩子的学习出现困难现象,"教师"要分析自身的原因,明确自己的教育方式存在哪些不当之处。

成年人不恰当的言语会使孩子失去自信,失去学习的兴趣与动力。父母无心的一句"你怎么这么傻?"都会加强孩子的不安全感。不仅是言语,还有父母表现出来的态度(即使是无意的),带有侮辱性的眼神、语调、手势等都会伤害到儿童的幼小心理。他们会觉得自己很糟糕,不适合做任何事情。如果儿童因为学习成绩差,同时受到教师和父母的指责或严厉的惩罚,儿童会感到无助,认为自己所有的努力都是无用的。这会导致儿童的学习意愿消失很长一段时间,甚至永远消失。

有一位俄罗斯小学生的妈妈通过自己儿子受教育的经历,确信"没有坏学生,只有坏教师"。这位母亲述说了如下事件:起先,她的儿子在彼得森第12学校上学,孩子读了一年级和二年级。后来,因为搬家的缘故,她将儿子转到了一个普通的传统学校——彼得森第11学校读书。结果,她发现儿子进入第11学校学习后,考试成绩落后于现在班上的同学,学习成绩由原来在彼得森第12学校的"优秀"下降到了"合格"或是"不及格"。这位母亲已经注意到了儿子原来所在的彼得森第12学校的教育水平很低,转校后,她的儿子在三年级和四年级的学业学习非

常吃力。庆幸的是，在 Galenova Elena Vladimirovna 老师的帮助下，儿子学习的情况得到了好转。这位母亲对 Galenova Elena Vladimirovna 老师十分感激。随后，她又将她的侄子送到了 Galenova Elena Vladimirovna 老师所在的班级。她确信对于儿童的教育，老师的好坏至关重要。这个故事充分说明了老师的不同，对孩子的影响也不同。

心理学家认为，儿童教育的结果不仅取决于其是否能够解决问题，还取决于他如何确信他能解决这个问题。如果失败一个接一个地出现，那么孩子自然就会对自己说："我不行，这对我来说太难了，我永远也学不会。"一旦孩子出现"永远学不会"的心理，那他就不会进行尝试了，从而导致其产生习得无助感，遇到困难就自动退缩，失去尝试解决问题的勇气，逐渐产生自卑心理。因此，教师一定要懂得关注儿童的学业情绪，使他们能够满怀信心地快乐学习。

笔者作为一名儿童教育心理专家，通过多年对学习困难儿童的实际研究，深切感受到在儿童智力水平正常，无生理上或先天性的障碍的情况下，根本没有教不好的孩子，只有不会教的成年人，即家长、老师等。

那么，我们这些成年人该如何去做呢？

一、儿童教育对家长的要求

苏霍姆林斯基说，如果在家庭中出现了一个不受管制的孩子，那么，作为家长应该反思自己，找出自己和孩子之间关系的裂缝。

中国有句古语："子不教，父之过。"这反映了古人对家庭教育的充分肯定。多年前，笔者曾在俄罗斯国立莫斯科列宁师范大学求学时，记得一位心理学导师

Савенков Александр Ильич 教授写了一部《您的孩子是天才》的著作。他在书中写道:"儿童的天赋是人类最有趣、最神秘的心理现象之一。然而,思考和创造的能力是人类获得的最大的自然礼物,家长能够为孩子的智力和创造力水平的提升提供很多帮助。"同时,他还提出:"天才儿童的智力和创造潜力都需要特殊的发展,父母在这个过程中的作用是决定性的,家庭教育是发展儿童个性的主要因素。因此,对于父母来说,最重要的一点就是孩子是一个有天赋的孩子。父母要把孩子当作最聪明、最有才华的人看待。"最后,Савенков Александр Ильич 教授还建议家长们记住:"你们对孩子能力的信念,正是儿童目前和未来成功的重要来源之一。你们可以帮助儿童培养他们的品质和能力。这就是为什么你们做父母的是孩子最好的老师。"所以,作为家长,要正确认识孩子的独特性,成为孩子最好的老师,一定要做到以下几点。

(一)接纳孩子

家长不要对孩子失望,尽量不要在孩子面前表现出悲伤和不满,家长的主要

任务是帮助孩子,一定要完全接受和关爱学习成绩差的孩子,这样孩子在学校就会更容易面对学习困难的问题。

(二)陪伴孩子

家长要调整并留有充足的时间与孩子一起学习和生活,同时适当地帮助孩子解决一些他们遇到的个人无法应付的问题。

(三)帮助孩子

家长要保持对自己能力的信心,试图从孩子身上消除其对失败的紧张和内疚感。如果家长只是忙于处理自己的事务,不去花时间了解孩子在做什么,或是责骂孩子为什么不会做作业、为什么没有考好等,这不是对孩子的帮助,反而是孩子新问题出现的前提。

(四)等待孩子

家长要忘记"你今天学到了什么",不要让孩子立即描述他的学校事务,特别是在他不高兴或不想说的时候,不要打扰孩子,让他一个人待一会儿。如果孩子确信你会支持他,他就会告诉你学校里的一切。

(五)尊重孩子

家长不要在孩子面前、孩子的同学或朋友面前与老师讨论孩子的问题。千万不要辱骂孩子、虐待孩子,不要总是强调其他孩子的成功,要尊重自己的孩子。

(六)理解孩子

儿童要克服在学校学习困难的问题并不容易,家长要有较强的自我克制能力,在孩子面前不要提高自己的声音,要不厌其烦地、平静地给孩子重复和解释同一问题,不要责备孩子,更不要对孩子恼怒。因为,只有当家长耐心地帮助儿童解决学习功课中遇到的问题时,他就会对做功课有兴趣了。

家长千万不要错误地认为,如果孩子写作有困难,就需要写得更多;如果孩子阅读不好,就应该更多地阅读;如果孩子的解题思路存在问题,就应该更多地解题。这种单调乏味的做法会扼杀孩子做作业的乐趣,家长不要让孩子做不适合的事情。

一个有学习困难问题的孩子,只有在极少数情况下才能够完全知道他的家庭作业是什么。因为,在一般情况下,老师都是在课程结束时才布置课后作业。当班级嘈杂时,"滞后"学生已经很累了,几乎听不到老师讲的话。所以,孩子回到家会说:"我们没有什么作业。"在这种情况下,作为家长,正确的做法就是咨询孩子的同学,了解他们的课后作业。

(七)家校合作

儿童的良好教育需要家庭和学校双方的共同帮助与支持。家长要积极主动地与教师联系,疏通家校沟通的渠道,随时了解孩子在学校的详细学习表现,以及教师对孩子的具体要求;同时,家长也要告知教师孩子在家里的真实情况,让教师更多地了解自己所教的学生,便于教师做到"因材施教"。

(八)鼓励孩子

帮助孩子最重要的一点就是家长要及时发现孩子的进步,并立刻给予反馈。遗憾的是,家长经常忘记这一点。如果家长不这样做,孩子在下一次写作业时可能会想:"我这么努力学习,进步了也没有意义,因为没有人会注意到我的进步。"所以,家长要在孩子取得进步时,立刻鼓励孩子,不仅仅是口头上的表扬,还要给予实际的行动奖励。例如,带孩子去他喜欢去的地方(动物园、电影院、游乐场等),或是带孩子短途旅行等以示奖励,鼓励孩子继续努力学习,克服学习上的困难问题。

(九)作息规划

有学习困难问题的孩子需要明确规划好他们的作息时间安排。这些孩子通常是自律性比较差的、精神散漫的,这意味着他们不容易觉察到自身行为的问题,无法规范化自身的行为。

如果孩子早上起床很困难,作为家长,不要急躁,更不要去推拉孩子。最好的办法就是提前半小时给孩子起床的信号,让孩子做好起床的心理准备,进而克服自身的惰性，以便半小时之后孩子可以顺利起床。

最困难的时候是孩子晚上睡觉的时候。父母往往让孩子睡觉，可是孩子却不想睡觉，拖延时间……家长和孩子的互动便经常以争吵、流泪、责备等方式而告终。在这种情况下，孩子很长时间不能平静下来睡觉，后果可想而知。因此，建议家长给孩子一些自由时间，规定孩子休息的时间从"点"到"段"。例如，把孩子睡觉的时间——晚上九点改到九点半，给孩子 30 分钟的睡觉准备时间，这样孩子就会比较平静地进入良好的睡眠状态，为其第二天的良好学习状态提供保障，避免上课打瞌睡、注意力不集中等现象的出现。

此外，在周末、节假日期间，家长要给予孩子完整的（没有任何学习、家庭作业任务）休息时间。例如，星期天让孩子休息一天，而不是给孩子安排繁重的课外辅导，特别是在寒暑假，家长要给孩子完整的休息时间，保障孩子在新学期开学时精神饱满，对学习充满期待。

（十）求助专家

家长在教育学习困难儿童时采取措施的及时性和正确性能够在很大程度上提高成功转变孩子的可能性。如果家长不能确定造成孩子学习困难的原因，也不知道应该如何帮助孩子时，最好向专家（心理学家、教师、言语矫正专家、神经学家、儿童精神病学家等）寻求帮助。他们会确定孩子在学校学习困难的原因，并提出帮助孩子摆脱学习困境的建议。

家长要遵循专家们的有效建议，帮助孩子们解决学习困难的问题，走出学习的困境。

二、儿童教育对教师的要求

　　教师最大的错误就是经常指出学生的失败。我们必须明白,每个孩子的能力是不相同的。学校的任务不是指责孩子,而是尽可能多地发展孩子的能力。

——瓦西里·亚历山大洛维奇·苏霍姆林斯基

　　学校教育是有组织、有纪律地按照教学原则,遵循教育规律,采用集体方式进行的教育。学校教育的优势在于系统全面地向学生传授包括天文、地理、自然在内的各门学科的科学文化知识。因此,让儿童获益最大、进步最快的还是学校教育。学校教育是由一大批专职教师实施教学的活动,教师们具有深厚的知识与丰富的阅历,他们能为学生的学习指明方向。正如我们常常把老师喻为辛勤的"园丁",他们时刻呵护着"幼苗"的成长,为"幼苗"修剪枝丫,维护"幼苗"良好的生长形状,使之将来能够成为有用之才。

18世纪法国哲学家兼作家让·雅克·卢梭曾说过："没有不好的学生,只有不好的教师。"我国著名教育家陈鹤琴老先生也认为："没有教不好的学生,只有不会教的老师。""没有教不好的学生"反映的是学生都是能够被"教好"的。教师首先要承认自己的教育对象——学生是可以被教育的,是可以通过教育使其成长进步的,而不是"朽木不可雕"的。而"只有不会教的老师"是对教师的激励。教师要不断提高自身的教育水平,在教育教学过程中如果遇到了学习困难学生,学生没有取得教师所期望的进步,教师应该反思自己做得不够好的地方,及时总结经验,选择更加合适有效的教育方法和策略,从而达到教育目的。这样不仅学生进步了,教师也进步了。作为教师要努力做到以下几点。

(一)热爱学生

教师一定要有一颗"爱生之心",关爱每一位学生。无论学生的出身如何、长相如何、性格如何,都要公平地对待每一位学生,让学生感受到教师的爱围绕在自己身边,因为喜爱教师而喜爱上教师所教的学科,从而热爱上学校,热爱上学习。

(二)赞美学生

常言道"尺有所短,寸有所长",尺虽比寸长,但和更长的东西相比,就显得短;寸虽比尺短,但和更短的东西相比,就显得长。人或事物各有长处和短处,不应只求长处,而应扬长避短。每一位学生都是独特的个体,每一位学生都是世界上的那个"唯一",每一位学生身上都有自己的闪光点。教师要善于发现学生身上的闪光点,赞美学生,使学生不自卑,充满自信。

(三)理解学生

当学生出现学习困难问题、听不懂教师讲的新知识时,教师一定要尝试站在学生的角度去思考,感受学生面临学习困难时的痛苦与煎熬心理。不要去指责学生,而是去理解学生、帮助学生走出学习的困境。

(四)帮助学生

教师要深入了解学习困难学生,摸准学习困难的"病根",对症下药。每一位

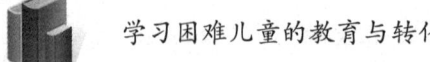

正常学生如果出现学习上的困难现象，一定有其产生的原因。众所周知，造成学生学习困难的原因是多种多样的，有家庭方面的、有学校方面的，也有学生自身方面的原因。教师一定要重视在学习上出现困难现象的学生，找出学生学习困难的"病根"，对症下药，帮助学生走出困境。

（五）重视养成教育

教师一定要在教学过程中培育儿童，不要仅仅是为了学生考出好成绩，而忽略更重要的教育目标——"育人"。在学校的教学过程中，教师一定要重视儿童的养成教育，真正做到"教书育人"，培养儿童良好的学习习惯、生活习惯、卫生习惯、行为习惯等。正如教育家叶圣陶先生所说："教育就是培养习惯。"要使儿童通过学校的养成教育拥有良好的品质，将来成为品学兼优的国家栋梁之材。

（六）有效设计教学内容

教师要不断提高自身的教育水平，真正掌握教育心理学的相关理论，并付诸实践教学，增强教学效果。教师的教学内容设计一定要吻合学生的"最近发展区"（苏联著名心理学家维果斯基提出的重要概念），否则学生会出现厌学心理。如果教学内容过于简单，学生会对所学内容失去学习兴趣；反之，如果教学内容难度较高，学生会对所学内容产生畏惧、退缩心理。因此，教师要科学地设计教学内容，维持学生的学习兴趣，避免学生产生厌学心理。

（七）有效使用教学策略

教师在教学过程中积极应用正强化手段可以有效地鼓励和巩固学生良好的课堂行为。学生的良好行为一旦得到认可和赞扬，学生就会为了得到更多的认可和赞扬，自愿努力维持他的良好行为。这样儿童的良好行为便会重复发生，逐渐巩固下来，慢慢形成习惯。正强化的方式还会对学生产生示范和导向作用，当某种行为得到其他同学的认可，其他同学便也会学习或模仿这种行为，在得到认可和赞赏后，逐渐成为习惯。这样，一个良性循环就会被建立起来，对学生的学习将会产生积极的影响。

(八)有效使用记忆策略

教师在面对学困生记忆差的时候,要找到更深层次的理论依据,并指导学困生进行记忆训练。美国著名的教育心理学家奥苏伯尔提出的"同化论"体现了外因是变化的条件、内因是变化的依据的辩证思想。奥苏伯尔把新知识比作刚刚驶进港口的船,把旧知识比作锚桩,船靠岸后要把船的锚固定在事先放置好的牢固的桩上,这个专门固定锚的东西叫锚桩,我国心理学家将这个词译成新知识在原有知识上的同化固定点。因此,当教师在进行新知识讲解结构设计时,要按照新知识本身的逻辑意义,追溯新知识在原有认知结构中的根植点,形成符合教学标准的、有针对性的讲解结构。在这样的系统分析下,教师才有可能抓住讲解的重点,有目的地强调各种关系,对有实质性联系的原有知识经验进行有目的的诊断,对各种联系的理解进行有针对性的反馈,了解学生的掌握情况。从前,有个学困生对某一知识点经常记不住,教师认为该生只是对这一知识点不理解,因此,给学生反复地讲解这一知识点,但一段时间过后,学生依然忘记了教师讲过的知识。后来,这位教师尝试先找到与这一新知识点有联系的旧知识,并从学生的旧知识中找到切入点,在学生理解新知识后,寻求一些能让学生容易记忆的事物或学生经常用到的词语与新知识建立起联结。例如,学生经常记不住圆周率,老师就让学生自己想方法记住它,有一位学生用自己的方法很快就记住了圆周率,他把圆周率 3.141 转译成"生要死要就是 π",结果就牢牢地记住了圆周率。教师引导学生用适合自己的固有知识进行有效的记忆,会使学困生在学习中的效率得到更大程度的提升。

(九)有效使用教学技巧

霍尔曼总结了创造型教师的教学技巧,列举了以下有利于培养儿童创造力的12 种方法。

(1)培养儿童主动学习的热情和方法。创造型教师注重启发儿童的思维,鼓励他们自己去发现问题、提出假设并亲自实践,即培养儿童主动探索、自我创造的

意识。

(2)放弃权威态度,倡导相互协作、相互支持、相对自由的良好氛围,使集体创造力得到最大程度的发挥。

(3)鼓励儿童勤奋地学习,多方面地获取知识,并对知识进行积极的理解和消化,以达到运用自如的程度。

(4)对儿童进行适当的创造性思维的专门训练,包括鼓励儿童进行回忆和进行独特而奇异的猜想,使儿童能够区别不同问题并发现其中的相互关系,鼓励儿童提出自己的主张,自己编故事和做游戏,鼓励儿童积极地发现日常事务的特殊用途等。

(5)推迟判断。创造型教师往往给儿童足够的时间进行思考,而不急于向其提示解决问题的方法。

(6)促进儿童思维的灵活性。创造型教师应帮助儿童学会从不同的角度看待、分析和理解问题,不墨守成规。

(7)鼓励儿童独立进行评价,用自己的标准对他人的想法、观点进行评价。独立评价能力的发展有利于创造性的发挥。

(8)训练儿童感觉的敏锐性。创造型教师应帮助儿童获得对他人的感觉和情绪以及对社会、个体等多种问题的敏感性。

(9)重视提问。创造型教师对儿童的提问往往表现得很感兴趣,并认真地对待儿童提出的问题。教师提出的问题不应是简单的教学问题,而是一些能刺激儿童积极思维,以寻找多种答案的具有启发性的问题。

(10)尽可能地创造各种条件,让儿童接触不同的概念、观点以及材料、工具等,以帮助儿童理解周围的世界。

(11)重视培养儿童的挫折耐受力,这是进行创造性活动不可缺少的心理素质。

(12)注重整体结构。创造型教师在传授知识时注重知识的系统性及其相互之间的联系,而不是教儿童机械地掌握某一孤立的事物或概念。

总之,教师要从学生的角度出发,热爱学生、了解学生、教好学生。同时,教师要不断提升自身的教育水平与教学技巧,尤其要对学习困难学生的内部心理机制、辅导原理和方法进行深层的探究,学会分析学生学习困难的成因,对症下药,提升课堂教学效率,帮助学习困难学生走出学习困境。

三、儿童教育对社会环境的要求

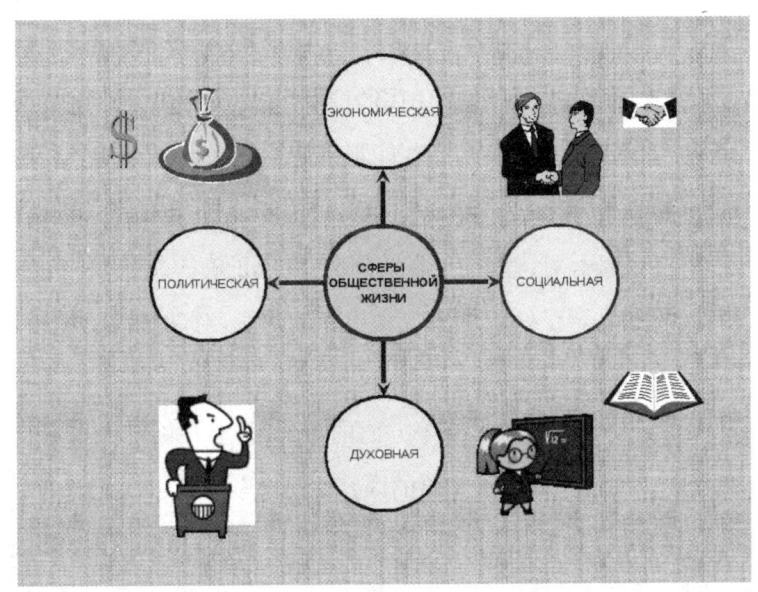

你看到的周围世界,本身就隐藏着善与恶。这一切都取决于你看到的,以及你如何看待它。

——瓦西里·亚历山大洛维奇·苏霍姆林斯基

美国著名心理学家布朗芬布伦纳提出的生态系统论将环境对人的影响做了详细的分析,指出环境会塑造个体,并影响个体的发展。艾瑞克森的心理社会理论也认为社会文化因素是决定个体发展的重要因素,强调其对儿童心理发展的影响。然而,儿童生活的社会环境所提供的信息是多种多样的、内容丰富的,这些信息良莠不齐、真假难辨,并且传播速度快,儿童难以从中筛选出有益的信息。因此,我们责无旁贷要尽力为儿童创造健康的、良好的生活环境,在社会教育中注重导向性、科学性,以便减少儿童学习的盲目性与错误性,促进儿童身心健康地成长与发展。为此,应做到以下几点。

(一)肃清学校周围环境

从社会教育环境来看,关心和支持未成年人思想品德建设的风气尚未全面形成,还存在种种不利于未成年人健康成长的社会环境和消极因素。例如,在学校周边开设网吧等场所,给儿童提供了去网吧上网的机会,导致有些儿童沉迷其中而难以自拔。具有开放性、全民性的网络信息对儿童的影响是一把双刃剑,既有积极的一面,也有消极的一面。儿童若能正确使用互联网,不仅能够开拓他们的思维,并且能够帮助他们树立正确的人生观、价值观,同时也能锻炼儿童运用现代化技术手段理性地认识、对待周围存在的问题,养成正确的、判断是非的能力。反之,如果该年龄段的儿童正处于价值观念模糊的阶段,对新鲜事物缺乏正确的判断,自控能力较差,那么,网络世界各式各样的诱惑可能会严重侵蚀儿童的内心。尤其是儿童在受到来自家庭和学校等方面的压力时,会在网络上寻求自我满足,并逐渐沉迷其中。网络上低俗不健康的内容更是会轻易地影响儿童的心灵成长,危害儿童的心理健康,造成极为严重的负面影响。因此,相关职能部门应加强对网络环境的监管,为儿童提供一个较"清净"的校外环境,使自我管理能力较弱的儿童能够避免外界的不良诱惑。

(二)正确引导儿童的社会评价取向

在我国,人们普遍认为学习成绩好的孩子就是"好孩子",而忽略了优良品质

的重要性。然而,良好品质的培养才是儿童教育的目标,应该居于教育事业的首位。良好品质的培养是儿童人生发展的坚实根基,其次才是儿童的学业成绩,以及他们其他方面的技能发展。我们应该认真地反思如何对待儿童、教导他们什么,以及了解他们努力追求的目标是什么。儿童的心理素质才是决定他们将来是否成才的关键所在,意志力是否坚强,是否持之以恒是儿童成功的重要因素。能否适当地表达自己的情绪,能否理解他人的情绪,能否控制和调节情绪表达的方式和时机,这是每一个儿童能否快乐地学习和生活的关键因素。希望家长和老师能够正确地评价儿童,使儿童成为品学兼优的人才。

(三)引导儿童正确应对不良社会风气

社会主义市场经济体制的建立,使人们追求经济利益和物质财富的"功利"意识空前强烈,社会主义信念、为人民服务的思想逐渐淡漠,社会风气出现了一系列令人担忧的问题,如拜金主义、享乐主义、极端个人主义、读书无用论等消极思想逐渐滋生。在这些思想的影响下,儿童缺乏以利他主义为核心的高尚的学习动机,反而拥有利己的、以自我为中心的、只关注自身利益的低级学习动机。甚至有一位不想读书的初二男生,理直气壮地说:"上大学有什么用啊? 大学毕业生都找不到工作,毕业即失业。我家的槟榔林很大,父母赚的钱够我用了,我还读书做什么,我根本不需要读书。"由此可见,家长和老师务必要引导儿童正确地应对不良社会风气,使儿童真正认识到读书的深远意义与价值,帮助他们重建远大的理想,树立正确的学习动机,使他们将来成为社会的栋梁之材。

(四)杜绝"只扫自家门前雪"的狭隘教育思想

很多时候,人们目睹儿童的不良行为却无动于衷,任凭其发生、发展,带来不良影响。因为大多数人担心会给自己带来不必要的麻烦,因此抱有一种"只扫自家门前雪"的狭隘教育思想,觉得自己没有必要去管,或是不需要自己去管这种"闲事"。对于教育者来说,儿童的教育是整个社会的历史使命,也是生活在社会里的成年人的义不容辞的责任。

对儿童的教育应"处处抓，时时抓，人人抓"。成年人只要看到儿童的不良行为都应予以干预，及时对其进行教育。同时，也要做好以下几个方面的教育工作：一是儿童的养成教育，帮助儿童养成良好的行为习惯，使其适应学校的生活环境，培养其较强的学习能力；二是儿童的心理健康教育，培养儿童健全的人格，使其能够正确处理人际关系的问题，懂得如何积极应对挫折；三是教师的心理素质教育，培养教师的爱心，改变教师的评价体系，提升教师减少学生不良行为的能力；四是举办家长课堂，提升家长的认知水平，懂得家庭教育的正确方法，了解学校的相关教学理念，增进家校合作的力度。只有这样做，我们才有可能培养好我们的下一代。

附录 A 《儿童学习困难现象》调查表

调查日期：_____   调查地点：_____

教师基本信息：

性别_____ 年龄_____ 教龄_____ 授课年级_____

担任课程：语文（   ） 数学（   ） 英语（   ） 其他_____

是否担任班主任工作（   ）

尊敬的老师：

　　您好！请您认真、如实地填写《儿童学习困难现象》调查表，它将有助于我们解决学困生的学习问题。

　　十分感谢您的参与！

海南师范大学学习困难学生研究课题组

2014 年 3 月 25 日

序号	学习困难现象	可能性心理原因	百分比
1	漏字		
2	错字		
3	不专心		
4	做数学题感到困难		
5	复述课文感到困难		
6	坐不住		
7	老师第一遍讲解，学生很难听懂		
8	作业本不整洁		
9	加乘法的口诀运算差		
10	不能够独立完成作业		
11	常常忘记学习用具		
12	从黑板上抄写不好		
13	不做家庭作业，课堂作业完成得也不好		
14	任何作业拖延好久才开始做		
15	经常向老师重复提问		
16	作业本的空格判断不好		
17	回答问题时回答不上来		
18	上课迟到		
19	上课经常分心，溜到桌子下玩或吃东西		

续表

序号	学习困难现象	可能性心理原因	百分比
20	老师提问时感到害怕		
21	不做课堂作业或不做笔记		
22	上课时离开教室很久不归		
23	很长时间找不到自己的座位		
24	读课文难		
25	大脑短路		
26	完成作业速度慢		
27	汉字左右颠倒		
28	沉迷于自己的世界		
29	做事缓慢		
30	学习状态不稳定		
31	学知识快、行动慢		
32	情绪不稳定		
33	其他学习困难		

附录 B　苏霍姆林斯基的 100 条经典名言

一、论学生学习

1. 懂得还不等于已知,理解还不等于知识。为了取得牢固的知识,还必须进行思考。

2. 学习吧,因为学习是一种福利和幸福。

3. 浪费时间,就等于浪费人生无价的财富。

4. 教给学生能借助已有知识去获取知识,这是最高的教学技巧之所在。

5. 死记硬背一贯是有害的,而在少年时期和青年时期则尤其不可容忍。

6. 学习的热切愿望、明确的学习目的,是学生学习活动最重要的动力。

7. 学校里的学习不是毫无热情地把知识从一个头脑里装进另一个头脑里,而是师生之间每时每刻不得不进行的心灵的接触。

8. 如果没有童话,儿童的完满的智力发展是不可思议的。

9. 保留自由活动的时间是学生丰富的智力生活的首要条件。

10. 只有当每个少年从教育者那里得到"活水",他们的才干才能发挥出来。

11. 低年级阶段的主要任务还是教会儿童学习。

二、论学生阅读

12. 我的教育信念的真理之一,便是无比相信书的教育力量。

13. 学生的智力发展取决于良好的阅读能力。

14. 一本智慧丰富的、有鼓舞力的书,往往能决定一个人的命运。

15. 自学有一个必备的条件,这就是个人要积累一些藏书。

16. 图书是知识不可缺少的源泉,是精神财富取之不尽的源泉。

17. 我认为一个非常重要的教育任务,就在于使读书成为每个孩子最强烈、精神上不可压抑的欲望。

18. 学生学习越感到困难,他在脑力劳动中遇到的困难越多,他就越需要多阅读。

19. 做一个有思想的人吧。要善于在读书时思考,在思考时读书。

20. 我坚定地相信,少年的自我教育是从读一本好书开始的。

21. 阅读应当成为吸引学生的最重要的发源地,学校应当成为书籍的王国。

22. 学校教育的缺点之一,就是没有那种占据学生的全部理智和心灵的真正的阅读。

23. 要教育学生不仅要读书,而且对某些书要反复地读。

24. 你的周围有一个书籍的海洋,应该严格地挑选阅读的书籍和杂志。

25. 课外阅读,用形象的话来说,既是思考的大船借以航行的帆,也是鼓帆前进的风。

26. 思考习惯的形成,在决定性的程度上是取决于非必修的阅读的。

三、论课堂教学

27. 课,就是教育思想的源泉;课,就是创造活动的源头,就是教育信念的萌发园地。

28. 我认为课堂上最重要的教育目的,就在于点燃孩子们渴望知识的火花。

29. 课堂是一个人感到追求成为思想家的第一个摇篮。

30. 教师上好一堂课要做毕生的准备。

31. 课堂是一个人感到追求成为思想家的第一个发源地的动力。

32. 为了使学生从思考中获取知识,教师必须对学生的知识有充分的了解。

33. 请你毫不犹豫地在每一节课上尽量留出时间让学生掌握新教材吧!

34. 上课,这是儿童和教师的共同劳动,这种劳动的成功首先是由师生间的相互关系来决定的。

35.学生在课堂上的脑力劳动修养乃是教师劳动修养的一面镜子。

36.让学生体验到一种自己在亲身参与掌握知识的情感,乃是唤起少年特有的对知识的兴趣的重要条件。

37.情感如同肥沃的土壤,知识的种子就播在土壤里。

四、论学校教育

38.学校应当像一块磁石,以自己有趣而丰富的生活吸引学生。

39.科学的发展,国民道德的进步以及新的共产主义社会关系的建立,都取决于学校。

40.教育,这首先是人学。

41.教育不仅是一门科学,而且是一门艺术。

42.我生活中什么是最重要的呢? 我可以不假思索地回答说:爱孩子。

43.一个好教师意味着什么? 首先意味着他热爱孩子。

44.尽可能深入地了解每个孩子的精神世界,是教师和校长的首条金科玉律。

45.每个孩子都是一个世界,完全特殊的、独一无二的世界。

46.儿童的智慧在他的手指尖上。

47.手能够教会头脑准确地、清晰地思考。

48.劳动,只有劳动,才是一个人全面发展的基础。

49.我们通常把"劳动"称为伟大的导师。

50.必须让少年去经常接触大自然,让他们在大自然中生活。

51.大自然是一本书,是思维的摇篮。

52.孩子们整个夏天赤脚走路,下雨天也是一样。

53.要像爱护最宝贵的财富一样爱护儿童对你的信任这朵娇嫩的花儿。

54.我们教育的人,不管他是个多么"没有希望"和"不可救药"的钉子学生,他的心灵里也总有点滴的优点。

55. 育人先育心。

56. 只有能够激发学生去进行自我教育的教育,才是真正的教育。

57. 没有美的教育,就不可能有完整的教育。

58. 美蕴藏着强大的教育力量。

59. 考察孩子的内在精神世界,特别是他们的思维,这是教师最重要的任务之一。

60. 关心儿童的健康,是教育者的最重要的工作。

61. 没有家长、学校,我们就不能设想会有完满的家庭、学校教育。

62. 孩子,是父母精神生活的一面镜子。

五、论道德品质

63. 人生下来是为了在自己身后留下痕迹,永久的痕迹。

64. 人最大的胜利就是能战胜自己。

65. 能自觉控制自己欲望的人,大都成为真正的人。

66. 谦虚,被人们称为一切美德的桂冠。

67. 友谊是培养人的情感的学校。

68. 一个人如果失去了祖国,也就失去了个人的一切。

69. 祖国,是慈祥而又严格的母亲。

70. 你作为一个人生了下来,但要成为一个大写的人。

71. 要记住,你给人们带来快乐就是你最大的快乐。

72. 人是世界上一切财富中最巨大的财富。

73. 人生的意义在于为人民服务,为祖国服务,为崇高的理想服务。

74. 人在为他人的幸福着想的同时也享受到了快乐。

75. 人是自己志向的创造者。

76. 任何时候也不要满足于一般成绩,要更上一层楼,精益求精。

77. 志向是天才的幼苗,经过热爱劳动的双手培育,在肥田沃土里将成为粗壮的大树。

六、论教师读书

78. 读书、读书、再读书,教师的教育素养的这个方面正是取决于此。

79. 书籍和个人藏书,对人民教师来说有如空气般重要。

80. 读书不是为了应付明天的课,而是出自内心的需要和对知识的渴求。

81. 一些优秀教师的教育技巧的提高,正是由于他们持之以恒地读书,不断地补充他们的知识的大海。

82. 真正的教师必是读书爱好者:这是我校集体生活的一条金科玉律,而且已成为传统。

83. 教育,这首先是关心备至地、深思熟虑地、小心翼翼地去触及年轻的心灵。要掌握这一门艺术,就必须多读书、多思考。

84. 集体的智力财富之源首先在于教师的个人阅读。

85. 我建议每一位教师都来写教育日记。

86. 你要养成随时记笔记的习惯。

87. 我要建议青年校长和教导主任设一个本子,把教学中的点滴收获、成功的做法和微小的发现都记录下来。

88. 那种连续记录了 10 年、20 年甚至 30 年的教师日记,是一笔巨大的财富。

七、论教师素质

89. 请你记住,你不仅是自己学科的教员,而且是学生的教育者、生活的导师和道德的引路人。

90. 真正的教育是从教育者的素质开始的。

91. 每个教师应当成为自己学科的出色专家。

92. 每个教师不管他教哪门课,都应当是一个语文教师。

93. 教师的教育素养的一个很重要的因素,就是要懂得各种研究儿童的方法。

94. 教师不深刻了解他所教的基础知识所属的那门科学,就谈不上教育素养。

八、论校长素质

95. 对一个有经验的校长来说,他的注意和关心的中心就是课。经验证明,听课和分析课是校长的一项极为重要的工作。

96. 提高每位教师和整个集体的教育素养,这是领导教育和教学工作的一个重要方面。

97. 如果你想使你的学生也写出这样的文章来,那么首先就要引导教师热爱书籍和语言。

98. 他(指校长)应当既是一个熟悉业务、经验丰富的教育学家,又是一个心理学家。

99. 一个好校长,首先应当是一个好组织者、好教育者和好教师。

100. 领导学校,首先是教育思想上的领导,其次才是行政上的领导。

附录 C　学生动机问题的识别

(1)学生是否注意教师？

(2)课堂上是否主动回答问题？

(3)能否迅速开始某项活动？

(4)注意力能否维持到任务最后完成？

(5)能否坚持自己解决问题，不轻易放弃看上去较难的问题？

(6)能否自觉地学习？

(7)当确实需要他人帮助时，他提出这种要求了吗？

(8)能否按时交作业？

(9)能否顺利完成任务？

(10)允许选择时，即使有失败的可能，他能否选择具有挑战性的任务？

(11)能否接受学习新东西时难免产生错误的观点？

(12)当从事不同的学习任务但需要相似的学习能力时，他是否有相似的表现？

(13)他的考试成绩与平时成绩是否一致？

(14)他是否参与课外的一些学习活动？

(15)学习时是否显得快乐、自豪、热情和投入？

(16)能否跟得上教师的教学与辅导？

(17)即使成绩很好，他是否仍很努力地去改善？

(18)能否主动地选择具有挑战性的学习活动？

(19)在没有奖励或评定时，他能否努力地去学习？

附录 D　学习困难心理原因诊断量表

1.学习态度测量

2.注意力集中性测量

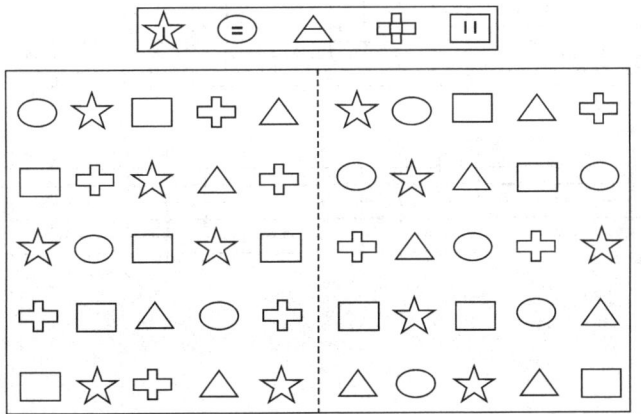

3.注意广度测量

```
АКПНЯРРАМПЛСБАСЯВАЕРАЦКАЧОШЛХТ
ОНРКАНВСАРТЕТРСНХСЧОДВНСПФОТЭС
КАВБОЦЕРАВТТЧКПНАЬЭКТРКАЕДКТШУ
ЯРЕСОАВСМЧЛАВХШСЧНИЦФВДСБОТВЕГМЯ
ВСАРГВОЧТПЧУЦПЛЕНПМНКОУЧЛЮНРЕНШ
ЯВОЕПСКАЧРГЛБКУЬСОФЧЯХРЕЛОГГЕК
ЕНЯЛВРСКАЧВПДРАЕЛТМИЕЕМШЕЛЛТЕ
СЛХВНЕРЛОСНЧВСЛОРМАУЧОКПООСНАЬ
ВКАПЛЕРКВИВМТПЗВСВЧПИНЯПЗИТВКЧ
СЕНАПЕХСВАВМЛДСКЯВМЖКИТТШПСВ
КОСПАХСАЕВПЛКМУЧБЯЖОПКИМПЧГПОКАР
ОВРРЕПЦЕСОЛТИНСПСОЫОДЖМОЗЕТЖИЕ
ДСКРАПКСВТАКВСИНВАТВОДСВКНАИОТ
ПАОСКСЕВОЛПКЕНШЭДЭПСВЫКИПНВОНЬ
ЯВРОСВКРАВПЦКЕЛПТАСЕДВНЭЭВИС
СЕВЯРКСТЕЕРОЩДСВЯПВАТРУСКОСМТЕ
ЕРЖПАВВЕСЛПСЯТЕВАРЫМЦЕВАМКИПЕ
```

4.注意转移测试

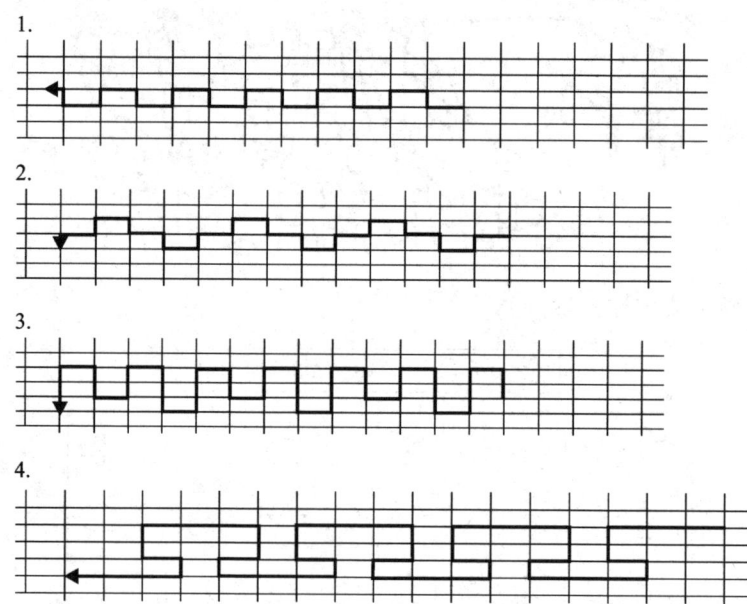

1.

2.

3.

4.

5.人际关系测量

6.亲子关系诊断

附录 E　左库小学"小学生学习习惯"培养方案

　　良好的学习习惯是取得良好学习效果的先决条件。学习习惯包括很多内容，如果把每种习惯都作为重点来抓，一定会事倍功半。因此，我们准备在每个学年段重点培养学生一、两种学习习惯，并在以后的学习中不断强化，使他们逐渐养成多方面的良好学习习惯。

学科	学年段	项目	培养目标	学生要求	教师措施
语文	低段	书写	①按笔顺规则写字；②养成正确的写字姿势和良好的写字习惯；③书写规范、端正、整洁	①姿势正确；②结构合理；③卷面整洁；④及时改错	①指导观察，及时范写；②定期展示，进行评比
		倾听	①认真倾听，了解主要内容；②能较完整地讲述小故事	①认真听；②仔细想；③会补充；④能评价	①组织教学方式多样，关注倾听；②推荐故事大王，进行复述或评价
语文	中段	预习	①知道预习方法，养成预习习惯；②能正确较流利地朗读课文	①勾画生字词，查字典理解；②按预习提示思考；③不懂的问题及时记录	①检查课本，督促落实；②教学过程中随机检查

续表

学科	学年段	项目	培养目标	学生要求	教师措施
语文	中段	积累	①积累课内外优美词语、精彩句段；②能将积累的语言材料灵活运用	①每周摘抄好词8个，佳句2句，语段1段；②每天诵读，力争背诵；③灵活运用积累的材料	①指导分类摘抄；②定期展示，分类评比
语文	高段	阅读	①默读有一定的速度；②养成读书看报的习惯；③进行探究性阅读，理解作品的内容，有所感悟和思考	①阅读速度每分钟达300字；②每周诵读课外优秀诗文不少于1篇(段)；③进行摘录，每月写一篇读后感	①积极鼓励，随机抽查；②开展读写比赛，相机指导
		复习	①掌握方法，进行归纳；②及时整理，灵活运用	①分类整理，摸索规律；②及时交流，不断补充；③虚心请教，及时矫正	①教给方法，总结规律；②分类复习，查漏补缺；③精讲精练，及时反馈
数学	低段	倾听	①养成认真倾听的习惯；②边听边想，会评价	①听清别人的话，不接嘴；②能加以补充，会评价	①要求学生复述；②指导学生互评
		书写	①养成正确的书写习惯；②书写工整，卷面整洁、美观	①书写做到"三个一"；②数字清楚，文字整洁；③不写错字、不抄错题	①老师书写速度慢，师生同步；②板书笔顺笔画正确；③树立优秀学生榜样

学科	学年段	项目	培 养 目 标	学 生 要 求	教 师 措 施
数学	中段	预习	①坚持预习,养成自觉预习的习惯; ②大致知道所学内容	①读教材,大致了解所学内容; ②提出不懂的问题; ③试着做课后练习	①老师提出预习要求; ②查看预习笔记; ③课内提问检测
数学	中段	作业	①学生做作业心态好,效果好; ②能自觉订正错题,寻找错误原因	①准备好学习用具; ②独立完成,认真书写,作业本保持清爽; ③批改后认真检查,及时改错	①布置难度不同的作业; ②及时认真批改作业; ③及时讲评作业; ④每期末举行作业展览
数学	高段	阅读	①养成认真读题的习惯; ②能理解题意,解决问题	①仔细读,理解法则意思和应用题的已知、未知条件; ②背诵法则、定义; ③找出重点字词,了解含义,想解题方法	①指导学生勾重点词,区分条件问题; ②让学生说词和概念的含义,分析联系和区别
数学	高段	复习	①使知识条理化、系统化; ②巩固、深化基础知识,提高学生解决问题的能力	①将平时分散的学习知识进行系统整理; ②能说出知识之间的相互联系; ③能正确应用所学知识	①整理归纳、比较、讨论、变题、补缺等; ②加强变式、逆向和综合能力的训练

附录 F　不同类型的教养方式及其对子女的影响

父母类型	父母的行为模式	子女的行为
民主型	对子女接纳关心,对子女的需要敏感,以子女为中心;合理地规范子女的行为并坚定执行规范;考虑子女的要求和期望,赞许和支持子女的良好行为;对子女的期望合乎实际,并参与其活动	正向:活泼、外向、独立、自信,敢于表达自己的见解;具有创造性、幽默感和安全感,社交能力强,能够自我控制,奋发向上,具有成就动机; 负向:偶尔出现不服从、不礼貌或反抗性的行为,但都可以驾驭
专制型	(1)疼爱子女,多限制,严格管束; (2)厌恶子女,多限制,严格管束	(1)正向:顺从、守规矩、整洁,侵犯性和支配性行为较少; 负向:懦弱、依赖,较缺乏竞争性、独立性和创造性;社会行为、好奇心、主动性、灵活性等受到限制或压抑,难以正常发展; (2)正向:正向行为较少,表面服从; 负向:易将愤怒情绪和行为抑制或内化,对现实不满,好幻想,敏感,猜疑,充满恐惧,缺乏自信,学业成就低

学习困难儿童的教育与转化

父母类型	父母的行为模式	子女的行为
放纵型	对子女溺爱放纵,并纵容其行为;对子女要求不清楚,任其为所欲为,常对子女屈服让步;管教态度不一致	正向:正向行为很少; 负向:缺乏自信,成就动机很低,自我控制力差,行为常偏离社会规范;情绪不稳定,对大人反抗,不服从,常不能面对挫折和挑战,社会适应困难,生活没有目标,活动缺乏导向;待人处事具有攻击性,以自我为中心,操纵他人
疏忽型	厌恶子女,纵容子女	正向:正向行为很少; 负向:除易表现出上述放纵负向行为以外,还可能将不满情绪表露出来并付诸行动,反抗父母和权威,甚至出现问题行为或犯罪行为,危害社会安全

(来源:姚本先,伍新春.学生心理健康教育[M].北京:中国轻工业出版社,2008.)

附录 G 中学生学习倦怠量表

实施或使用方法:《中学生学习倦怠量表》是评估中学生学习倦怠状况的自评量表,既可单独使用,也可团体施测。只需被测试者在回答前阅读指导语,并根据切身感受对 23 个五级评分的题项进行选择。施测不需要特殊的场地,安静的房间即可。

亲爱的同学:

你好!

本次调查旨在了解同学们在学习中出现的一些情况,以便我们寻找解决问题的方法,本次调查仅作为研究所用。请根据你的实际情况在句子后面相应的数字上打钩。

答题要求:本问卷共有二十三道题,每道题都叙述一种情况,随后列出五种不同程度的答案,请先仔细阅读每道题叙述的内容,再与你的实际情况相比较,最后选出一个与你的情况最为符合的答案,并在题后的"1""2""3""4""5"上打钩。

题号	题 项	完全不符合	比较不符合	不确定	比较符合	完全符合
1	作业做不完,我并不是很担心	1	2	3	4	5
2	学习对我来说是一种负担	1	2	3	4	5
3	我睡眠越来越差	1	2	3	4	5
4	在班上我没有太多的好朋友	1	2	3	4	5

续表

题号	题　项	完全不符合	比较不符合	不确定	比较符合	完全符合
5	问题越难,我就越感兴趣,并会越努力地去完成它	1	2	3	4	5
6	课本发下来后,我很少翻它	1	2	3	4	5
7	我一学习就情绪低落	1	2	3	4	5
8	课间,我有很多时间都是自己独自待着	1	2	3	4	5
9	学习上的失败会让我更加努力	1	2	3	4	5
10	我上课很少认真听讲	1	2	3	4	5
11	我觉得学习是一件很痛苦的事情	1	2	3	4	5
12	我常常因为与我的功课相关的事情睡不好	1	2	3	4	5
13	我和周围的同学没有共同的话题和兴趣	1	2	3	4	5
14	我相信自己能在重要的考试中取得好成绩	1	2	3	4	5
15	我的学习问题很多,但我并不是很在意	1	2	3	4	5
16	考试总是让我厌烦	1	2	3	4	5
17	这段时间总觉得这不舒服,那不舒服	1	2	3	4	5
18	在有些学校活动中,我觉得受到了冷落	1	2	3	4	5
19	我在学习上很懒散	1	2	3	4	5
20	我觉得学习没有意义	1	2	3	4	5
21	我的身体不如从前那么好了	1	2	3	4	5
22	我觉得我对功课失去了兴趣	1	2	3	4	5
23	周围的同学一般只关心和自己的学习相关的事情	1	2	3	4	5

　　计分方法与解释:量表采用从"完全不符合"到"完全符合"五个等级计分,得分越高,学习倦怠越高(其中低效能维度采用反向计分)。各维度所包含的具体题项如下:心理耗竭,第2、7、11、16、20、22题;身体耗竭,第3、12、17、21题;对学习的疏离,第1、6、10、15、19题;人际关系的疏离,第4、8、13、18、23题;低效能题项,第5、9、14题(反向计分)。

　　(来源:申继亮,陈英和.中国教育心理测评手册[M].高等教育出版社,2014.)

参 考 文 献

著作类

[1] 李献林,张淑清.学困生心理特征与教育[M].北京:人民出版社,2008.

[2] 钟启泉.差生心理与教育[M].上海:上海教育出版社,2009.

[3] 柯克.特殊儿童的心理与教育[M].天津:天津教育出版社,1989.

[4] 钱在森.学习困难学生的教育理论与实践[M].上海:上海教育出版社,1995.

[5] 张红梅,刘亚.教师如何做好学困生转优[M].天津:天津教育出版社,2009.

[6] 陈琦,刘儒德.当代教育心理学[M].北京:北京师范大学出版社,2007.

[7] 沈德立,阴国恩.非智力因素与人才培养[M].北京:教育科学出版社,1991.

[8] 程晓堂,郑敏.英语学习策略[M].北京:外语教学与研究出版社,2002.

[9] 朱永新.差生心理与教育探索[M].杭州:浙江大学出版社,1989.

[10] 钱在森,等.困难初中改革之路[M].上海:华东师范大学出版社,1992.

[11] 钟启泉,崔允漷,张华.为了中华民族的复兴,为了每一位学生的发展——基础教育课程改革纲要(试行)解读[M].上海:华东师范大学出版社,2001.

[12] 吴樱花.遭遇学困生——学困生的教育与转化技巧[M].北京:中国轻工业出版社,2012.

[13] 金洪源.学习行为障碍的诊断与辅导[M].上海：上海教育出版社，1995.

[14] 杨丽珠，马振，胡金生.6～12岁小学生健全人格培养研究[M].大连：大连海事大学出版社，2017.

[15] 孙远刚，刘嵩晗，杨丽珠.12～15岁初中生健全人格培养研究[M].大连：大连海事大学出版社，2017.

[16] 高玉祥.健全人格及其塑造[M].北京：北京师范大学出版社，1997.

[17] 维果茨基.维果茨基教育论著选[M].北京：北京人民教育出版社，1994.

[18] 杜威.民主主义与教育[M].北京：人民教育出版社，2001.

[19] 范翠英，孙晓军.青少年心理发展与教育[M].武汉：华中师范大学出版社，2013.

[20] 阿·尼·列昂捷夫.活动意识个性[M].李沂，译.上海：上海译文出版社，1980.

[21] B.A.苏霍姆林斯基.要相信孩子[M].汪彭庚，译.天津：天津人民出版社，1981.

期刊类

[1] 房娟.海南义务教育辍学学生现状调查研究[J].海南师范大学学报（社会科学版），2015(10).

[2] 房娟.海南义务教育阶段学生辍学的原因及对策研究[J].海南师范大学学报（社会科学版），2016(4).

[3] 陈栩，郭斯萍.国外学习困难学生研究综述[J].课程与教学，2006(6).

[4] 陈娟.浅谈学困生心理特点及其解决策略[J].教师，2009(18).

[5] 王延承.学困生心理障碍的表现与排除[J].赤峰教育学院学报，2003(4).

[6] 温志诚. 把握学困生心理特点,改进教学方法[J]. 小学时代(教师),2012(2).

[7] 徐芬. 国外学习无能儿童的研究现状[J]. 心理科学,1992(5).

[8] 俞国良,王永丽. 学习不良儿童归因特点的研究[J]. 心理科学,2004(4).

[9] 牛卫华,张梅玲. 西方有关学习困难问题研究的新进展[J]. 心理学动态, 2000(3).

[10] 张俊. 谈学困生出现的规律及其转化对策[J]. 教育探索,2010(7).

[11] 高广. 谈中学学困生的转化策略[J]. 教育探索,2005(11).

[12] 王春梅,辛宏伟. 学困生的学习心理障碍与教育对策[J]. 教育探索, 2003(4).

[13] 潘晓明. 学困生数学学习情感障碍及诊治策略[J]. 教育探索,2005(4).

[14] 桑青松. 非智力因素造成学业不良学生的心理辅导[J]. 中国教育学刊, 2001(5).

[15] 杨华荣. 论良好的自我概念的评价标准及其促进途径[J]. 通化师范学 院学报,2003(3).

[16] 金盛华. 自我概念与发展[J]. 北京师范大学学报(哲学社会科学版), 1996(1).

[17] 霍庆. 强化理论在班级管理中的运用例谈[J]. 教学与管理,2002(2).

[18] 张全民. 浅析斯金纳的强化理论及其在学校教育中的作用[J]. 和田师 范专科学校学报,2009(1).

[19] 付瑜. 斯金纳的强化理论及其在学校教育中的运用[J]. 中国电力教育, 2008(7).

[20] 张越,王果哲. 论强化理论在课堂行为管理中的应用[J]. 教学与管理, 2007(2).

[21] 张丽华. 父母的教养方式与儿童社会化发展研究综述[J]. 辽宁师范大 学学报(社会科学版),1997(3).

[22] 周龙兴.小学生阅读策略发展与教学研究报告[J].教育理论与实践,1999(3).

[23] 曾琦,等.父母教育方式与儿童的学校适应[J].心理发展与教育,1997(2).

[24] 叶澜.让课堂焕发出生命活力[J].教育研究,1997(9).

[25] 忻仁娥,等.儿童学习困难与社会心理因素[J].中国心理卫生杂志,1989(4).

[26] 高文.巴班斯基论学业不良的原因和克服途径[J].外国教育资料,1982(2).

[27] 范丽恒.国外教师期望研究综述[J].心理科学,2006(3).

[28] 高德胜.人格教育在美国的回顾[J].比较教育研究,2002(6).

[29] 刘志军.初中生乐观主义与其学业成绩的关系及中介效应分析[J].心理发展与教育,2007(3).

[30] 桑青松,黄卫明.班级环境、学习方式对中学生学习成功感的影响[J].宁波大学学报(教育科学版),2007(6).

[31] 徐夫真,张文新.青少年疏离感与病理性互联网使用的关系:家庭功能和同伴接纳的调节效应检验[J].心理学报,2011(4).

[32] 薛慧,孙莉.家庭教养方式对儿童智力发育和非智力因素的影响[J].中国公共卫生,1998(4).

[33] 杨海波.同伴关系与小学生学业成绩相关研究的新视角[J].心理科学,2008(3).

[34] 俞国良.学习不良儿童的家庭心理环境、父母教养方式及其与社会性发展的关系[J].心理科学,1999(5).

[35] 杜淑冰.青少年心理问题的剖析与对策[J].青年探索,2003(3).

[36] 杜文轩,杨丽珠.初中生人格发展特点及其对教育的启示[J].辽宁教育行政学院学报,2014(2).

[37] 傅冬梅.关于初中生习惯养成现状的调查研究[J].新课程(教师版),2011(3).

［38］黄利富,余剑斌.九年级学生考试焦虑的成因及心理调节[J].中国教育技术装备,2009(11).

［39］蒋艳菊,王玉杰.教师期望效应的影响因素、传递过程及启示[J].中州学刊,2010(6).

［40］刘伟菁,张晓明."教师期望"负面效应产生原因及对策[J].中学教学参考,2015(27).

［41］孙蕴韬,顾红.初中生父母教养方式及其对成就动机的影响[J].中国健康心理学杂志,2009(2).

［42］王传旭.培养健康人格促进学生全面发展[J].教育研究,2003(4).

［43］肖三荣,徐光兴.中学生人格特质的性别差异研究[J].中国临床心理学杂志,2007(3).

［44］杨德华.初中生抑郁情绪与学校因素的相关性研究[J].中国临床心理学杂志,2002(1).

［45］张林,张向葵.中学生学习策略运用、学习效能感、学习坚持性与学业成就关系的研究[J].心理科学,2003(4).

［46］张英良.达维多夫发展性教学理论与启示[J].继续教育研究,2009(6).

［47］左金娣."教师期望效应"的理论与应用[J].沈阳大学学报(社会科学版),2005(4).

学位论文类

［1］陈林英.初中英语任务型写作教学的行动研究[D].苏州:苏州大学,2010.

［2］万云生.初中英语学困生的成因调查和转化策略研究[D].武汉:华中师范大学,2008.

［3］陈玉丹. 初中英语学困生的转化策略研究——以乐清市公立初中为例［D］. 延吉：延边大学，2010.

［4］安伟. 中学英语学困生归因及其转化策略［D］. 西安：陕西师范大学，2012.

［5］陶春雨. 小学生英语学习困难的心理分析及干预的个案研究［D］. 烟台：鲁东大学，2013.

［6］魏翠翠. 教师期望对初中生学业成就、创造力的影响［D］. 济南：山东师范大学，2008.

［7］傅冬梅. 初中生良好习惯养成的现状分析与策略［D］. 苏州：苏州大学，2009.

论文集

［1］徐琴美，鞠晓辉.9～11岁儿童对失败学习情景的情绪反应和情绪表达研究［C］. 南京：中国儿童情绪能力发展论坛，2005.

［2］杨国枢，王登峰. 中国人的人格维度［C］. 北京：第三届华人心理学大会论文，1999.

［3］房娟，因果心理诊断法在中小学心理健康教育中的应用研究［C］. 广州：中国心理学会学校心理学专业委员会2014年学术年会论文，2014.

外文类

［1］ Фан Цзюань，Типология трудностей в обучении детей младшего школьного возраста［М］. Социально-гуманитарные знания，2009.

［2］ Фан Цзюань. Сравнение трудностей в обучении у младших школьников в России и в Китае［М］. Социально-гуманитарные знания，2009.

［3］ Фан Цзюань. Психологические причины трудностей в обучении детей младшего школьного возраста［М］. Инновационные процессы в профессиональном образовании，2010.

［4］ Фан Цзюань. Преодоление трудностей в обучении китайскому языку и переводу в ВУЗЕ［М］. Профессионально ориентированное обучение иностранному языку и переводу в ВУЗЕ，2010.

［5］ Блонский П. П. Школьная успеваемость［М］. Избр. Пед. Произв，1961.

［6］ Мурачковский Н. И. Как предупредить неуспеваемость школьников ［М］. Минск：Народная асвета，1977.

［7］ Бударный А. А. Преодолевать неуспеваемость ［J］. Народное образование，1963(10).

［8］ Мечинская Н. А. ，Колмыкова З. И. Проблемы преодоления отставания в учении［М］. Народное образование，1963(4).

［9］ Данилов М. А. ，Пути повышения качества знаний учащихся общеобразовательной школы. Доклад на расширенном педообъединении кабинетов ГосударственногоНИИ школ НКП РСФСР. НА РАО. Ф. 95. Оп. 1. Ед. хр. 174. Л. 1-21. 1943.

［10］ Басова Н. В. Педагогика и практическая психология［М］. -Ростов-на-Дону，1999.

［11］ Боденко Б. Н. Выявление некоторых причин трудностей в обучении

［М］. Научно-практические проблемы школьной психологической службы,1987.

［12］ Савенков А. И. Ваш ребенок талантлив: Детская одаренность и домашнее обучение［М］. -Ярославль. ,Академия Развития,2002.

［13］ Абрамова Г. С. Возрастная психология［М］. Академический проект, 2003.

［14］ Абрамова Г. С. Введение в практическую психологию［М］. Брест: БГПИ,1993.

［15］ Аверина И. С. Щебланова Е. И. Развитие познавательных процессов у школьников с разной успешностью ［М］. Новые исследования в психологии,1988.

［16］ Айкин Ю. А. Бурлачук А. Ф. Психодиагоностика учителю ［М］. Вопросы психологии,1989.

［17］ Акимов М. К. ,Гуревич К. М. ,Зархин В. Г. Диагностика индивидуально-психологи-ческих различий в обучении［М］. Вопросы психологии,1984.

［18］ Акифьев Д. В. Психологические профили неуспевающих учащихся: Методика психологических исследований Г. И. Россалимо［М］. Н. Новгород: Волгарь,1913.

［19］ Ананьев Б. Г. Анализ трудностей в процессе овладения детьми чтением и письмом ［М］. Психология чувственного познания,1960.

［20］ Ананьев Б. Г. Психология чувственного познания［М］. Наука,2001.

［21］ Ануфриев А. Ф. Психологический диагноз: система основных понятий ［М］. МГОПИ,Альфа,1995.

［22］ Артеменко О. А. Пространственная организация ЭЭГ у детей школьного возраста с различным объемом кратковременной памяти

［M］．Автореф. дис. канд. биол. наук，1990.

［23］ Асеев В. Г. Мотивация поведения и формирование личности［M］. Мысль，1976.

［24］ Бабанский Ю. К. Оптимизация процесса обучения：Методические основы［M］. Просвещение，1982.

［25］ Бабанский Ю. К. Система способов оптимизации обучения ［M］. Вопросы психологии，1982.

［26］ Бабанский Ю. К. О дидактических основах повышения эффективности обучения ［M］. Народное образование，1986.

［27］ Байбакова О. Ю. Формирование готовности учителя начальных классов к работе с детьми，испытывающими трудности в обучении：Дисс. канд. пед. наук［M］. Курск，2005.

［28］ Безруких М. М. ，Ефимова С. В. Как помочь детям с трудностями обучения? ［M］. Начальная школа，1990.

［29］ Безруких М. М. Как научить ребенка писать красиво［M］. Дидакт，1995.

［30］ Безруких М. М. Обучение письму［M］. Просвещение，1997.

［31］ Безруких М. М. Ефимова С. П. Навык письма трудности обучения ［M］. Начальная школа，1988.

［32］ Белкин А. С. Вопросы диагностики отклонений в нравственном развитии учащихся ［M］. Советская педагогика，1976.

［33］ Березовин Н. А. Чепиков В. Т. Основы психологии и педагогики［M］. Учебное пособие Новое знание，2004.

［34］ Биярсланова А. М. Преодоление затруднений младших школьников при обучении математике на основе деятельностного подхода：Дис.

канд. пед. наук[M]. Махачкала,2006.

[35] Блонский П. П. Развитие мышления школьника [M]. Избранные педагогические и психологические произведения,1979.

[36] Блонский П. П. Психология младшего школьника[M]. Воронеж: Модэк,2006.

[37] Богоявленский Д. Н. ,Менчинская Н. М. Психология условия знаний в школе[M]. АПН РСФСР,1959.

[38] Боденко Б. Н. Анализ психологических предпосылок неуспеваемости и способы ее коррекции на начальном этапе обучения[M]. Автореф. дис. канд. психол,1989.

[39] Божович Л. И. Изучение мотивации поведения детей и подростков [M]. Изучение мотивации поведения детей и подростков,1972.

[40] Божович Л. И. Избранные психологические труды. Проблемы формирования личности [M]. Международная педагогическая академия,1996.

[41] Борисова Е. М. ,Логинова Г. П. Диагностика умственного развития учащихся на основе качественного анализа теста [M]. Вопросы психологии,1986.

[42] Бурлачук Л. Ф. Психодиагностика личности[M]. Киев: Здоровье, 1989.

[43] Бурлачук Л. Ф. ,Морозов С. М. Словарь справочник по психологической диагностике[M]. Киев: Наумкова думка,1989.

[44] Бурлачук Л. Ф. Психодиагностика учебник для вузов[M]. Питер, 2007.

[45] Бурменская Г. В. ,Карабанова О. А . ,Лидере А. Г. Возрастно психологическое

консультирование[M]. Проблемы психического развития детей,1990.

[46] Вагапова Д. Х. Риторика в интеллектуальных играх и тренингах[M]. Цитадель,1999.

[47] Варданян Г. А. Диагностика и коррекция умственного развития в начальных классах[M]. Ереван：Луйс,1985.

[48] Вахрушев С. В. Психодиагоностика учителем трудностей в обучении младших школьников: Автореф. дис. . канд. психол. наук[M]. Моск. гос. открытый пед,1996.

[49] Вахрушев С. В. Психодиагностика трудностей в обучении учителями начальных классов[M]. Дис. канд. психол. наук,1995.

[50] Венгер JI. А. Развитие умственных способностей детей [M]. Педагогика,1991.

[51] Венгер JI. А. ,Мухина В. С. Психология[M]. Просвещение,1988.

[52] Венгер А. JL,Цукерман Г. А. Психологическое обследование младших школьников[M]. Владос Пресс,2001.

[53] Войтко В. И. , Гильбух Ю. З. Актуальные проблемы школьной психодиагностики[M]. Советская педагогика,1978.

[54] Выготский JI. С. Педагогическая психология[M]. Педагогика,1991.

[55] Выготский JI. С. История развития высших психических функций. Избранные психологические труды в [M]. Педагогика,1984.

[56] Выготский JI. С. Проблема обучения и умственного развития в школьном возрасте[M]. Редакционно издательский центр,1996.

[57] Габуева Е. М. Психикопедагогические условия преодоления трудностей общения младших школьников: Дис. . канд. пед. наук [M]. Таганрог,2004.

［58］ Гапонов В. П. Психодиагностика и коррекция специфического отставания по математике у младших школьников: Автореф. дис. канд. психол. наук［М］. Киев, 1981.

［59］ Гобова Е. С. Понимать детей дело интересное［М］. Аграф, 1997.

［60］ Диагностическая и коррекционная работа школьного психолога［М］. Под редакцией Дубровиной, 1987.

［61］ Калмыкова З. И. Проблемы преодоления неуспеваемости глазами психолога［М］. Знание, 1982.

［62］ Калмыкова З. И. Проблема преодоления школьной неуспеваемости глазами психолога［М］. Просвещение, 1982.

［63］ Локалова, Н. П. Психодиагностика трудностей в обучении и их преодоление［J］. Вопросы психологии, 1998.

［64］ Майорова Н. П. Неуспеваемость. Как выявить и устранить ее причины ［М］. СПБ. : Знание, 1998.

［65］ М. Безруких, С. Ефимова, Б. Круглов. Почему учиться трудно? ［М］. Семья и школа, 1995.

［66］ Салаватулина, Л. Р. Предупреждение познавательных трудностей учебного материала в обучении младших школьников: Дис. канд. пед. наук［М］. Екатеринбург, 2004.

［67］ Сухомлинский В. А. Семья Несгибаемых ［М］. Юность, 1969.

［68］ Сухомлинский В. А. Без сказки нельзя представить детства［М］. Комсомольская правда, 1976.

［69］ Сухомлинский В. А. О воспитании. М. , 1975.

［70］ Сухомлинский В. А. Нет плохих учеников［М］. Неделя, 1978.

［71］ Сухомлинский В. А. Как любить детей ［М］. Избранные произведения, 1980.

［72］Сухомлинский В. А. Воспитание личности в советской школе［М］. Киев：Радянська школа，1965.

［73］Сухомлинский В. А. Рождение гражданина［М］. Молодая гвардия，1971.

［74］Сухомлинский В. А. Моя педагогическая вера［М］. Юность，1968.

［75］Сухомлинский В. А. Письмо к сыну［J］. Свободное воспитание. ，1993 (3).

［76］Фан Цзюань. Традиции духовно нравственного воспитания в Китае［М］. Социально гуманитарные знания，2007.

［77］Фан Цзюань. Сравнительный анализ психологических причин трудностей в обучении младших школьников в России и в Китае［М］. Количество страниц，2010.

后　记

　　《学习困难儿童的教育与转化》针对学习困难儿童的困难现象、产生原因、教育转化策略、教育转化效果及教育启示进行翔实的系列研究与论述，历时三年之久。在此，非常感谢海南师范大学林强校长创办的海南师范大学附属中学初高中一体化实验班，为我们课题组的实践研究提供了良好的平台，使我们的本科生、硕士研究生有了实践基地，得以顺利开展"学习困难学生"的研究工作。同时，非常感谢海南师范大学初等教育学院给予笔者开设"问题学生的教育与转化"这门课程的机会，该课程的选课人数在本科生中约有 600 人，在研究生中约有 50 人。本课程连续开设三年，期间积累的大量的一手实践研究案例与资料，为本著作的撰写奠定了坚实的基础。

　　在本著作的撰写过程中，得到了家人的鼓励与大力支持。感谢我亲爱的先生与儿子对我执着地督促与激励，同时，特别感谢我亲爱的妈妈在我身边无微不至地照顾我，才使我能够顺利完成书稿的撰写。

　　十分希望本书能够为家长、老师以及影响儿童健康成长的社会他人在对待学习困难儿童的教育方面带来些许启示，更期望家长、老师和社会他人扮演好各自的角色，互相搭配，共同解决儿童学习的困难问题，切记不要出现迷茫、抱怨、指责等负面情绪，而是分析造成儿童学习困难问题的原因，果断采取可行性有效策略，共同帮助儿童解决学习困难问题，让学习困难儿童坦然面对自身的学习困难，从解决当下的困难问题出发，提升自身的学习能力，最终迈向成功的彼岸，活出精彩的人生。